beck**'sche
reihe**

W0072206

b^{sr}

Die philosophische Skepsis ist eine Form der Lebenskunst, die in unserer auf Gewißheit versessenen Zeit in Vergessenheit geraten ist. Demgegenüber zeigt dieses Buch, daß das skeptische Philosophieren mit seiner Vorliebe für die Vorläufigkeit neue Freiräume des Urteilens und Handelns eröffnet. Der Autor führt in 33 Lektionen zu alltäglichen Themen wie Geld und Reisen, Politik und Religion, Gesundheit und Liebe allgemeinverständlich in die Kunst des Zweifelns ein. Am Ende jeder Lektion wird der Leser eingeladen, in Gedankenexperimenten den Zweifel einzuüben. Eine skeptische Kasuistik, die den Blick für die Zweifelsanfälligkeit aller Dinge schärft, und ein notwendiges Gegengift gegen die falschen Sicherheits- und Glücksversprechen, denen wir täglich ausgesetzt sind.

Andreas Urs Sommer, geb. 1972, ist Privatdozent für Philosophie (mit besonderer Berücksichtigung der Philosophiegeschichte) an der Universität Greifswald. Er ist mit zahlreichen Preisen und Stipendien ausgezeichnet worden. Einem größeren Publikum wurde er mit dem Buch «Die Kunst, selber zu denken» (2002) bekannt.

Andreas Urs Sommer

Die Kunst des Zweifelns

Anleitung zum skeptischen Denken

Verlag C. H. Beck

Originalausgabe

© Verlag C. H. Beck oHG, München 2005
Umschlagentwurf: +malsy, Bremen
Umschlagabbildung: Jos de Mey, Two Archways © Jos de Mey
Satz: Fotosatz Reinhard Amann, Aichstetten
Druck und Bindung: Druckerei C. H. Beck, Nördlingen
Umschlagentwurf: +malsy, Bremen
Printed in Germany
ISBN 3 406 52838 4

www.beck.de

Meinem Vater Werner A. Sommer
als Hors d'œuvre zum 20. Oktober 2005

Die Skepsis, die nicht zur Zerrüttung unserer Gesundheit beiträgt, ist nur ein intellektuelles Exerzitium. CIORAN

Inhalt

Vorwort

Zweifeln als Kunst? Besteht die Kunst nicht vielmehr darin, alle Zweifel zu beseitigen? Das ist zumindest der Eindruck, der sich bei einem Blick in die Ratgeberspalten von Illustrierten, bei der Lektüre von Parteiprogrammen oder – nicht zuletzt – beim Studium philosophischer Texte aufdrängt. Im Ausräumen des Zweifels und – als ob dies daraus folgte – in der Herstellung von Eindeutigkeit bestand seit jeher ein Geschäft, das viele Philosophen für das Hauptgeschäft ihrer Zunft hielten. Wunderbar paart sich diese Bestimmung des philosophischen Hauptgeschäfts mit dem Zeitgeist, der heute nichts dringender zu verlangen scheint als die Abkehr von Uneindeutigkeiten, von avantgardistischer Zweifelssucht, von den «postmodernen Beliebigkeiten» des verblichenen zwanzigsten Jahrhunderts. Jetzt gehe es darum, neue Gewißheiten zu etablieren, mit denen wir gegen die Zumutungen des Schicksals in einer unberechenbar gewordenen Welt gewappnet seien. Der Mensch hege ein Grundbedürfnis nach Sicherheit, weswegen jeder Versuch, ihn in Zweifel zu stürzen, ein sträfliches Unterfangen sei. Und solche Sicherheit gründe wesentlich auf einigen unhintergehbaren Gewißheiten, über die möglichst jeder Mensch verfügen müsse, um seine Persönlichkeit zu stabilisieren und lebensfähig zu sein. «Geistige Gewißheiten» sind damit gemeint, Gewißheiten, die sich auf die zweifelsresistente Wahrheit bestimmter Sachverhalte beziehen. Fast im gleichen Atemzug gebietet der Zeitgeist, seine wandlungslustige Vergangenheit verbergend, Ironieenthaltung. Ironie untergräbt Gewißheiten.

Philosophie heißt freilich, es immer wieder auf andere Art zu versuchen, sich jenen Anliegen zu verweigern, die einem der Wind des Tages gerade auf den Schreibtisch bläst. Ist es denn so sicher, daß der Mensch in erster Linie ein Bedürfnis nach Sicherheit hat, die er durch «geistige Gewißheiten» zu erlangen imstande sei? Wären unsere Vorfahren je aus ihren Höhlen gekrochen, wenn sie nicht bereit gewesen wären, ihr Bedürfnis nach Sicherheit zur Disposition zu stellen? Womöglich ist der Durst nach Verunsicherung ebenso stark wie das Bedürfnis nach Sicherheit. Tiefgreifende Verunsicherung gerade in dem, was man «das Geistige» nennt, ist unter Umständen ein Lebenselement, ohne das der Mensch nicht über das Niveau eines durchschnittlichen Säugetiers hinausgelangt wäre. Und der Zweifel ist es, der dem Menschen zu dieser Verunsicherung verhilft.

Das vorliegende Büchlein setzt sich nicht das Ziel, Zweifel aus dem Weg zu räumen. Philosophie wird hier nicht als Zweifelvernichtungsmaschine, sondern als Verunsicherungsunternehmen verstanden. Dieses Büchlein dient der Einübung im Zweifel, denn auch Zweifel erfordert Übung. Die Einübung im Zweifeln fängt beim Alltäglichen an und pflanzt sich fort bis zur Auflösung aller Gewißheiten. Der Zweifel dringt von außen nach innen; er schreitet vom Besonderen zum Allgemeinen fort und führt wieder zum Besonderen zurück.

Wie weit kommt man mit dem Zweifel? Weiter als mit Gewißheiten? Dieses Buch will nicht mehr sein als eine bescheidene Sammlung von Anwendungsfällen philosophieträchtigen Zweifels, eine kleine skeptische Kasuistik, die einer allfälligen und noch zu schreibenden skeptischen Ethik vorauszugehen hat und – auch in praktischen Übungen – den Blick für die Zweifelsanfälligkeit aller Dinge schärft. Kasuistik, weil im Fall der Skepsis – und nicht nur in ihrem Fall – das Besondere vor dem Allgemeinen kommt. Ein (grob) verallgemeinernder Abriß verschiedener Formen und Phasen skeptischen Philosophierens wird gleichwohl vorausgeschickt. Die skeptische Kasuistik soll die Mutmaßung nahelegen, daß sich alles für den philosophischen Zweifel dienstbar machen läßt. Alle Gewißheit läßt sich in Zweifel ummünzen.

Greifswald, im Januar 2005   *Andreas Urs Sommer*

Formen und Phasen skeptischen Philosophierens

Skeptisches Philosophieren wird dadurch bestimmt, daß es vermeintliche Gewißheiten des Fürwahrhaltens preisgibt; es ist Philosophieren im Modus des Zweifels. Entsprechend ist der Begriff der Skepsis zum Synonym für den Begriff des Zweifels geworden, obwohl Skepsis zunächst nicht mehr bedeutet als «Betrachtung», «genaue Prüfung», «Untersuchung», und der Ausdruck «Skeptiker» (*skeptikoi*) erst seit dem zweiten nachchristlichen Jahrhundert als Bezeichnung für jene Philosophen bezeugt ist, die im Nichtwissen verharren (Gellius XI 5, S. 245). Solche Philosophen gab es freilich schon lange, bevor ihnen der Name «Skeptiker» beigelegt wurde.

«Skeptisch» ist nach dem alltäglichen Sprachgebrauch jemand, der eine bestimmte Ansicht nicht für unbedingt glaubhaft hält. Man kann skeptisch sein im Hinblick auf bestimmte Wahl- oder Wetterprognosen, skeptisch sein im Hinblick auf den behaupteten Stand der Alphabetisierung in Deutschland oder im Hinblick auf die Funktionstüchtigkeit des auf dem Flohmarkt erworbenen Rasenmähers. Gemeinhin wird als «Skeptiker» jemand bezeichnet, der aus seinen Zweifeln an der Existenz übersinnlicher Wesenheiten wie Gott keinen Hehl macht.

Was bedeuten nun Skepsis und Zweifel im philosophischen Zusammenhang? Skeptiker im philosophischen Sinn sind beileibe nicht all diejenigen, die irgendwann an irgendetwas zweifeln oder gezweifelt haben, sondern diejenigen, die das Zweifeln zu einem allgemeinen Prinzip machen. Philosophen haben, seit es sie gibt, an allen möglichen Üblichkeiten gezweifelt. Die frühesten griechischen Philosophen haben beispielsweise überlieferte mythologische Welterklärungsmuster einer zweifelnden Befragung unterworfen und versucht, Gewißheiten jenseits des Mythos zu schaffen. Das Moment des Zweifelns dürfte für Philosophie insgesamt konstitutiv sein, was aber nicht bedeutet, daß jede Philosophie skeptisch sein müßte. Das ist sie nur dann, wenn sie das Zweifeln zu einem allgemeinen Prinzip macht. Ebenso scheint die Redeweise zulässig, eine bestimmte Philosophie sei in bestimmter Hinsicht skeptisch – zum Beispiel skeptisch im Hinblick auf die

Existenz einer Außenwelt –, während dieselbe Philosophie in anderer Hinsicht gänzlich unskeptisch bleibe – zum Beispiel im Hinblick auf die Leistungsfähigkeit der Vernunft.

Was bedeutet es, Zweifeln zum allgemeinen Prinzip zu machen? Um in dieser Frage nicht gänzlich zweifelnd zu bleiben («allgemeine Prinzipien» gelten einem Skeptiker als zweifelhafte Wesenheiten), wird man eruieren wollen, was unter Zweifel zu verstehen ist. Schenkt man einschlägigen Lexika Glauben, ist Zweifel «der Zustand des unentschiedenen Schwankens in dem, was man für wahr oder richtig halten soll» (Schmidt, S. 475 f.), oder «die Unentschiedenheit, das Schwanken zwischen einander widersprechenden Möglichkeiten der Stellungnahme» (Müller/Halder, S. 203), oder schlicht der «Zustand der Ungewißheit» (Heynitz, S. 592). Es fällt auf, daß der Zweifel nach diesen Definitionen stark ins «Passive» tendiert. Er scheint etwas zu sein, was einem widerfährt, ein Zustand, dem man ausgeliefert ist. Zweifel nicht als Handlung, sondern als ein Erleiden. Einer der Lexikographen formuliert es unübertrefflich: «Zweifel lähmt das Handeln und macht krank.» (Schmidt, S. 476)

Demzufolge wäre eine Philosophie, die das Zweifeln zum allgemeinen Prinzip macht, dem Prinzip «Erleiden» oder gar dem Prinzip «Krankheit» verpflichtet, während Philosophie überhaupt, insofern sie nicht ohne den Zweifel auskommt, zumindest angekränkelt wäre. Diese Betrachtungsweise, die im Zweifel einen Zustand des Erleidens sieht, hat ihre Wurzel nicht nur in der alltäglichen Beobachtung, wonach der Zweifel ein Individuum daran hindert, dieses oder jenes zu tun, weil er nämlich handlungsmotivierende Gewißheiten zerstört. Sondern es ist auch eine ehrwürdige Tradition skeptischer Philosophie selbst, die das, was man Zweifel nennen könnte, mit Handlungsverzicht, mit Urteilsenthaltung assoziiert: Nach Auffassung des antiken Pyrrhonismus bin ich nie zu irgendeinem Urteil, zu irgendeiner Handlung hinreichend gerechtfertigt; etwas fehlt immer, nämlich Wissen, Gewißheit. Der Pyrrhonismus benutzt für das, was dem Skeptiker und Virtuosen gelungenen Lebens widerfährt, freilich nicht den Begriff des Zweifels, sondern den des Nichtwissens. Nichtwissen als Abwesenheit von Wissen, erscheint als etwas «Passives», nichts «Aktives».

Manche Analytiker der sprachlich-gedanklichen Struktur des Zweifels halten dagegen, daß der Zweifel ein Urteil sei: «Wo gezweifelt wird, da wird unweigerlich *geurteilt*.» (Hönigswald, S. 1) Und zwar gibt der Zweifelnde in der Äußerung seines Zweifels das Urteil kund, daß er nicht wisse, wie das zu Beurteilende in einer gegebenen Hinsicht eingeschätzt zu werden habe. Das Urteil des Zweifels hebt auf, was in anderen Urteilen behauptet, soll heißen, bejaht oder verneint worden ist. Der Zweifel suspendiert ein bereits ergangenes Urteil, nimmt es zurück und eröffnet alle Räume des Sowohl-als-Auch. Das Schlagwort des Zweifels ist das Jein. Wenn die antiken Pyrrhoneer es sich zugute halten, auf jegliches Urteilen zu verzichten und angesichts der «Erscheinungen» in der Urteilsenthaltung, der *epoché* zu verharren, dann meinen sie damit nur, daß sie sich jedes zustimmenden oder ablehnenden Urteils enthalten. Die Pyrrhoneer unterwerfen alles der eigentümlichen Urteilsform des Zweifels (den sie freilich gar nicht Zweifel nennen), mit der sie es in der Schwebe und sich sowohl von der Verneinung wie von der Bejahung in gleicher Distanz halten. Insofern ihnen das gelingt, machen sie den Zweifel zum allgemeinen Prinzip, und ihre Philosophie heißt mit Recht eine «skeptische».

Bei genauerem Hinsehen ist die Einordnung des Zweifels auf seiten des Erleidens fragwürdig. Offensichtlich unterscheidet sich der Zweifel vom bloßen Nichtwissen nicht zuletzt dadurch, daß er sich artikuliert. Auch in der Alltagssprache wird Zweifeln als eine Aktivität zum Ausdruck gebracht: Jemand *hat* Zweifel und *ist* nicht «bezweifelt», auch wenn ihn davor Zweifel befallen haben oder er von Zweifeln angenagt worden ist. Zweifeln ist ein Tun, eine Leistung, die sich gegen erheblichen Widerstand des unbefragten Glaubens und Meinens erst durchsetzen muß. Zweifel müssen sich artikulieren. Sie müssen aus dem Meer des Nichtwissens auftauchen.

Ein solches aktivisches Verständnis des Zweifelns bildet das Selbstverständnis neuzeitlicher skeptischer Philosophien ab, die das Zweifeln als Waffe gegen alle erdenklichen Arten angemaßter Autorität begriffen. Zweifel nicht als pyrrhoneische *epoché*, sondern als Kampfansage gegen falsche Gewißheit, falsches Bewußtsein. Seelenruhe, immerhin das Kernanliegen pyrrhoneischer

Ethik, dem man alles Urteilen opfert, verschwindet nach und nach aus dem Blickfeld skeptischer Philosophie oder verfällt selber der zweifelnden Befragung.

Ob nicht «das neue kriegerische Zeitalter, in welches wir Europäer ersichtlich eingetreten sind, vielleicht auch der Entwicklung einer anderen und stärkeren Art von Skepsis günstig sein mag» (Jenseits, § 209, S. 140), fragte 1886 Friedrich Nietzsche (1844–1900). Diese Frage bringt die veränderten Intentionen skeptischen Philosophierens in der Neuzeit prägnant zum Ausdruck, obgleich die Frage im Rahmen einer Abrechnung mit einer zeitgenössischen Form von Skepsis vorgetragen wird, nämlich einer Skepsis als «Schlaf- und Beruhigungsmittel» (§ 208, S. 137). Den «sanften holden einlullenden Mohn Skepsis» findet Nietzsche zwar in seiner Gegenwart, nämlich als Dekadenz-Philosophie des Nicht-entscheiden-Könnens realisiert und bekämpfenswert, aber damit ist durchaus auch die antike, pyrrhoneische Skepsis gut charakterisiert. Es handelt sich da um eine Philosophie, die auf die weitestgehende Ruhigstellung sämtlicher Handlungs- und Entscheidungserfordernisse des Lebens abzielt und ihr Ideal in einer rein passiven Seelenruhe zu finden hofft. Schematisch ließe sich eine Grundtendenz in der Geschichte skeptischen Denkens als Übergang von einer antiken «passivistischen» Skepsis zu einer neuzeitlichen «aktivistischen» Skepsis, zu einer skeptischen Experimentalphilosophie beschreiben. Antike Skepsis hatte unmittelbare Bedeutung für die Lebensführung. In der neuzeitlichen Skepsis wurde demgegenüber das Erkenntnisinteresse leitend.

Zurück zum Zweifeln als allgemeinem Prinzip: Der Pyrrhonismus verzichtet darauf, das Zweifeln als allgemeines Prinzip zu formulieren. Es widerspräche seiner Scheu vor Verallgemeinerungen, verstiege er sich zur Formulierung allgemeiner Prinzipien. Aber auch neuzeitliche skeptische Philosophie ist allgemeinen Prinzipien abhold. Wieso sollte man ausgerechnet das Zweifeln zum allgemeinen Prinzip machen, wo sonst an allen Meinungen und insbesondere an allgemeinen Prinzipien zu zweifeln ist? Die Rede vom Zweifeln als allgemeinem Prinzip skeptischen Philosophierens ist demnach nur sinnvoll, wenn man «allgemeines Prinzip» nicht als irgendeine für sich bestehende Wesenheit begreift. Vielmehr müßte «Zweifeln als allgemeines Prinzip» so verstanden werden, daß dieses Zweifeln die Erkenntnisvoraussetzung, die Voreinstellung, die Haltung ist, mit der der skeptisch Philosophierende an Dinge herantritt. Zweifeln als allgemeines Prinzip gehört also nicht in den Bereich der Ontologie, der Lehre vom Seienden als Seiendem, sondern in den Bereich der Erkenntnistheorie. Die Behauptung, skeptische Philosophie unterscheide sich von anderen Formen der Philosophie dadurch, daß sie das Zweifeln zum allgemeinen Prinzip mache, bedeutet, daß solche Philosophie dem Zweifeln bei ihren Denkoperationen eine wesentliche Rolle zubilligt.

Nun ist es eben möglich, daß eine als skeptisch beschriebene Philosophie aus Unwillen, sich auf Verallgemeinerungen einzulassen, dieses Zweifeln weder als allgemeines Prinzip ihrer Verfahren ausweist, noch überhaupt irgendein allgemeines Prinzip anerkennt. Die Aussage, das Zweifeln sei ein allgemeines Prinzip skeptischen Philosophierens, braucht keine Selbstbeschreibung skeptischen Philosophierens zu sein, sondern ist eine mehr oder weniger glückliche philosophiehistorische Schematisierung. Dem ist hinzuzufügen, daß mit dieser Schematisierung nicht behauptet wird, skeptisches Philosophieren habe *nur* das Zweifeln zum allgemeinen Prinzip. Denn es ist sehr wohl möglich, daß sich noch andere Prinzipien hinzugesellen oder das Prinzip des Zweifelns ausbooten.

Was den Zweifel als unablässiges Infragestellen von vorgeblichen und vermeintlichen Gewißheiten selbst angeht, so pflegt man ihn philosophischerseits in verschiedenen Hinsichten zu differenzieren (vgl. Mittelstraß, Zweifel, S. 868). Zunächst unterscheidet man den theoretischen Zweifel vom praktischen. Der theoretische Zweifel betrifft Tatsachen, Sachverhalte und Aussagen. Der theoretisch Zweifelnde bezweifelt, daß sich etwas so verhält, wie es scheint, oder er bezweifelt, daß das, was wir über etwas sagen, so sagbar ist. Der praktische Zweifel bezieht sich hingegen auf Handlungen, handlungsrelevante Überzeugungen, Lebenskonzepte, kann sich überdies auf religiöse Glaubensvorstellungen (religiöser Zweifel) und schließlich auf den Sinn des Daseins im ganzen (existentieller Zweifel) erstrecken. Der praktisch Zweifelnde bezweifelt, daß konkrete Handlungsweisen oder Lebensführungsmuster richtig sind – oder er bezweifelt sogar, daß Handeln überhaupt richtig ist. Praktische und theoretische Zweifel kommen im täglichen Leben so häufig vor wie im täglichen Geschäft der Philosophie. Und nicht selten geht die eine Form des Zweifels bruchlos in die andere über. Es scheint, als ob der Zweifel je nach Gebrauch, den wir von ihm in der Sprache machen, eine andere Bedeutung habe.

Philosophie kann sich des Zweifelns in unterschiedlichster Weise bedienen. Zweifel können sich auf unterschiedliche Gegenstände beziehen und unterschiedliche Reichweiten haben. Wenn ich bezweifle, daß mein Nachbar den Rasen mit dem neugekauften Rasenmäher heute nachmittag mähen wird, dann bezweifle ich damit weder die reale Existenz von Nachbar, Rasen und Rasenmäher, noch melde ich moralische Zweifel an, ob der Nachbar den Rasen besser gar nicht mähen sollte. Damit Zweifel zu philosophischen Zweifeln werden, muß offenbar ein gewisser Grad von Allgemeinheit – Zweifeln als allgemeines Prinzip – erreicht sein. Es genügt beispielsweise nicht, daß ich das künftige Eintreten eines bestimmten Ereignisses – nämlich, daß mein Nachbar heute nachmittag den Rasen mähen wird – bezweifle, um in den Kreis der philosophischen Zweifler aufgenommen zu werden. Es genügt auch nicht, daß ich die Existenz des Nachbarn bezweifle, obwohl ich ihn doch vor meinem Fenster sehe. Dieser Zweifel könnte der Ausdruck eines persönlichen Wahrnehmungsproblems sein, aus dem philosophisch nichts folgt. Wenn ich hingegen nicht nur am Nachbarn, sondern auch am Rasen, am Rasenmäher und mit alledem an der Existenz einer Außenwelt überhaupt zweifle, dann würden meine Zweifel durchaus schon philosophische Ambitionen geltend machen dürfen, und zwar in der Sparte «theoretische Zweifel».

In die Sparte «praktische Zweifel» gehören meine Bedenken, ob die von meinem Nachbarn beabsichtigte Handlung richtig ist. Philosophisch relevant sind diese Zweifel allerdings nicht, so lange ich sie bloß damit begründe, daß ich meinen Mittagsschlaf machen möchte und nicht vom Knattern des Rasenmähers gestört zu werden wünsche. Wenn ich meine Zweifel gegenüber der konkret von meinem Nachbarn beabsichtigten Handlung hingegen dadurch rechtfertige, daß ich Rasenmähen überhaupt ablehne, weil ich der Auffassung bin, daß Grashalme genauso ein Recht auf ungeschmälertes Leben haben wie Ameisenbären und Menschen, dann scheine ich mich schon auf einer recht hohen Stufe der Verallgemeinerung zu bewegen. Ob diese Zweifel dadurch schon philosophische Zweifel geworden sind, wäre noch die Frage. Denn offenkundig sind die Zweifel hier der allerdings unentbehrliche Bestandteil von Kritik, die sich an einer konkreten Handlungsweise entzündet und alle gleichgearteten Handlungsweisen einbezieht. Die Kritik selbst und damit die Zweifel gründen jedoch in einer als unumstößlich behaupteten Überzeugung – «Weltanschauung» oder «Ideologie» hätte man das früher genannt –, die selbst wiederum vor Zweifeln oder Kritik geschützt werden muß. Würde die Überzeugung selbst Zweifeln ausgesetzt, entglitte den Zweifeln, die sich gegen die konkrete Handlungsweise und bestimmte Handlungsmuster richteten, die Grundlage.

Nicht jeder Zweifel, der einen gewissen Allgemeinheitsanspruch erhebt, scheint also für skeptisches Philosophieren zu qualifizieren. Der dafür taugliche Zweifel darf nicht von vornherein bloßes Werkzeug bei der Etablierung bestimmter, bereits feststehender Wahrheiten sein. Die Kraft des Zweifels muß weiter reichen als bis zur Diskreditierung mißliebiger Gegenansichten, soll er für skeptisches Philosophieren in Betracht kommen. Zweifel gegenüber anderen Ansichten zur Sicherung der eigenen Ansichten ist kein Ausweis skeptischer Gesinnung (vorausgesetzt, es gibt «skeptische Gesinnung»). Erst wer dem Zweifeln das Recht einräumt, Wahrheiten in Mitleidenschaft zu ziehen, die man gerne als eigene Wahrheiten angenommen hätte, scheint für die (nicht selten selbstquälerische) Skepsis berufen zu sein, wie sie von neuzeitlichen Philosophen geprägt wurde. Erst wer dem Zweifeln (als Wissensabstinenz) die Fähigkeit einräumt, eine Stillstellung unserer Willens- und Handlungsregungen und eine Vernichtung unseres Meinenwollens zu bewerkstelligen, scheint für jene Skepsis berufen zu sein, die unter dem Namen Pyrrhonismus eine neue Lebensform, eine *áskesis*, verordnet hat, nämlich die des völligen Entscheidungsverzichts.

Immerhin kann selbst derjenige, dem skeptisches Philosophieren herzlich egal ist, aus dem Beispiel der Bedenken gegenüber den Handlungsweisen des Nachbarn lernen, daß der Zweifel für *Kritik* unentbehrlich ist. Ohne Zweifel – mag er noch so trivial und interessengeleitet sein – ist keine Kritik möglich.

Will man sich mit skeptischem Philosophieren beschäftigen, wird man gut daran tun, die Entscheidung darüber auszusetzen, welche Formen des Zweifels für skeptisches Philosophieren in Betracht kommen. Es wäre offensichtlich zu kurz gegriffen, wollte man nur jene Zweifel als einschlägig erachten, die das Vorhandensein oder die Beweisbarkeit der Außenwelt problematisieren. Oder nur jene, die sich gegen das Vorhandensein nicht sinnlich wahrnehmbarer Wesenheiten wenden. Oder nur jene, die kein Handeln für hinreichend rechtfertigbar halten und daher völligen Handlungsverzicht empfehlen. Denn Zweifel kommen womöglich nur im Plural, in einer irreduziblen Vielfalt der Weisen und Hinsichten vor. Die Ausgangsvermutung dieses Buches ist, daß sich fast alles philosophischen Zweifeln unterwerfen läßt. Deren befreiende Wirkung ist dabei nicht zu unterschätzen.

In der Geschichte menschlichen Denkens beginnt das Zweifeln, lange bevor der Ausdruck «Skeptiker» für jene Nachdenklichen in Gebrauch kam, die sich durch eine besondere Vorliebe für das Zweifeln auszeichneten. So berichtet Diogenes Laertius (drittes Jahrhundert n. Chr.), einige bezeichneten Homer (etwa achtes Jahrhundert v. Chr.) als den Urheber der Sekte der Skeptiker, «weil dieser in auffälliger Weise sich über die nämlichen Dinge bald so, bald wieder anders vernehmen läßt und hinsichtlich der Aussage nichts fest und sicher bestimmt» (Leben und Meinungen IX 71, S. 197). War Jahrhunderte vor der Erfindung der Philosophie die erste Dichtergestalt des Abendlandes ein Skeptiker, weil wir weder in der *Ilias* noch in der *Odyssee* das finden, was die Philosophen später dogmatische Aussagen nennen sollten, nämlich Behauptungen, die das Wesen der Dinge festschreiben? Solchen dogmatischen Aussagen stehen Dichter reserviert gegenüber; in ihrem Werk – für das die beiden Homer zugeschriebenen Epen repräsentativ sind – erhält sich die Vielstimmigkeit der Perspektiven, die sich sehr zum Ärger vieler Philosophen nicht auf *eine* Perspektive, möglichst die Wahrheit selbst, zurückbuchstabieren lassen. Kein Wunder, daß Platon (427–347 v. Chr.) Homer aus seiner idealen Stadt verbannt wissen wollte. Die poetische Bestreitung der einen Wahrheit mußte dem Typus von Philosophie, der sich mit Platon endgültig etablierte – nämlich als Disziplin, die mittels Vernunft die Wahrheit zu erkennen und die Unwahrheit zu verwerfen imstande war –, geradewegs zuwiderlaufen. Entsprechend tief verwurzelt sind philosophische Vorurteile gegen die Formen des Zweifels, die die Erkennbarkeit der Wahrheit zur Disposition stellen. Die Philosophie als Lebensform stand in einem Selbstbehauptungskampf, den sie nur gewinnen zu können schien, wenn es ihr gelänge, die Relevanz und damit die Wahrheitsträchtigkeit ihres Tuns gegen Zweifel sicherzustellen. Es sind sehr reale Auseinandersetzungen, die hier zwischen Dichtung und Philosophie um kulturelle Deutungshoheit ausgetragen wurden.

Bei einem Überblick über die Geschichte der philosophischen Skepsis kann man deren antike Erscheinungsformen unter dem Stichwort «Skepsis und Ethik» behandeln. Es ist, gelinde gesagt, eine Verzeichnung der historischen Realitäten, in der antiken Skepsis bloß die Lust an erkenntnistheoretischen Gedankenspielen am Werk zu sehen. Vielmehr steht die Frage im Vordergrund, welche Lebensweise die glücksträchtigste ist. Die Antwort lautet: diejenige, die sich am wenigsten festlegt. Als eigentlicher Begründer der philosophischen Skepsis gilt Pyrrhon von Elis (ca. 360–270 v. Chr.), der wie der an intellektuellen Auswegslosigkeiten interessierte Sokrates (ca. 470–399 v. Chr.) nichts geschrieben haben soll. Pyrrhon trat für eine völlige Enthaltung von allem Urteilen ein, die man *epoché* nannte. Denn der Streit um einander widersprechende Behauptungen sei der Seelenruhe abträglich. «Er erklärte nämlich, daß nichts anständig und nichts niederträchtig sei, nichts gerecht und nichts ungerecht, und daß ganz entsprechend in allen Fällen nichts wirklich existiere, vielmehr Konventionen und Gewohnheit die Grundlage alles dessen seien, was die Menschen tun; denn jedes beliebige Ding sei um nichts mehr dieses als jenes. Diesen Ansichten folgte er auch in seiner Lebensführung, indem er vor nichts auswich, und keine Vorsichtsmaßnahmen traf und alles so auf sich zukommen ließ, wie es sich gerade traf, Wagen, Abhänge und Hunde, und indem er keinerlei Vertrauen in die Macht seiner Sinneswahrnehmungen setzte.» (Diogenes Laertius IX 61 f., S. 192) Pyrrhon wurde zum leibhaftigen Inbegriff des Skeptikers, nicht so sehr, weil er die Urteilsenthaltung gelehrt, sondern weil er sie gelebt hat.

Auf ihn und den ironischen Sokrates bezieht sich das Denken

der Mittleren und Jüngeren Akademie, die aus der Schule Platons hervorgegangen ist. Deren Hauptvertreter Arkesilaos von Pitane (ca. 316–241 v. Chr.) und Karneades von Kyrene (ca. 214–129 v. Chr.) griffen das Wissen des (platonischen) Sokrates um das eigene Nichtwissen (vgl. Platon, Apologie, 21a–22e) auf, gaben aber mitunter schon zu bedenken – so Arkesilaos –, daß wir nicht einmal dieses Wissen um das Nichtwissen wirklich haben könnten (Cicero, Academica I 12, 45, S. 52). In der Akademie scheint man ein Gespür für die zweifelsträchtige, literarische Form gehabt zu haben, in der Platon sein Philosophieren dargelegt hat: Es werde nämlich in Platons Büchern – und daher erfolgt nach Meinung der Akademiker ihre Berufung auf Platon zurecht – «nichts bejaht, vieles nach beiden Seiten hin erörtert, alles untersucht, nichts als sicher ausgegeben» (I 12, 46, S. 53). Die Akademiker wetzten ihre Messer gegen die dogmatischen Philosophien ihrer Zeit, insbesondere gegen die Stoiker. Karneades sah jeden Beweisversuch in einem unendlichen Regreß oder einem Zirkel enden. Daher ließ er nur Wahrscheinlichkeiten gelten.

Eine jüngere, sich selbst zum «Pyrrhonismus» bekennende Richtung der Skepsis, die sich mit dem Namen des abtrünnigen Akademikers Ainesidemos (erstes Jahrhundert v. Chr.) verbindet, lehnte auch die akademische Unterscheidung von wahrscheinlichen und unwahrscheinlichen Aussagen als dogmatisch ab und besann sich auf das ursprüngliche Interesse Pyrrhons an einer beunruhigungsfreien Lebensführung. Auf Ainesidemos geht eine skeptische Neutralisierungstechnik und eine Liste von zehn sogenannten skeptischen *Tropen*, das heißt Gesichtspunkten, zurück. Diese Tropen sind Argumente, die die Unzuverlässigkeit unserer Erkenntnis aufweisen und Urteilsenthaltung nahelegen sollen. So unterscheiden sich beispielsweise die Wahrnehmungen je nach der Art der Lebewesen, die eine Wahrnehmung machen, bei verschiedenen Individuen, unter verschiedenen physischen und kulturellen Umständen und je nach Zuständen, in denen sich das zu erkennende Objekt befindet, und lassen so keine Wirklichkeitserkenntnis zu. Agrippa (erstes Jahrhundert v. Chr.) präsentierte eine weitere Liste von diesmal fünf skeptischen Tropen, die eher wissenschaftstheoretischen Charakter haben: So lasse der Widerstreit der Meinungen jede Prämisse als fragwürdig erscheinen, oder die

Relativität aller Wahrnehmung mache die Wahrheit relativ zum Wahrnehmungssubjekt.

Abschließend systematisiert hat die Skepsis der Pyrrhoneer Sextus Empiricus (um 200 n. Chr.). Er bestritt dem Philosophen das Recht, in irgendeiner Weise abschließend zu urteilen – wobei auch diese Forderung selbst nur als Beschreibung einer intellektuellen Praxis, nicht als dogmatische Forderung ausgegeben wird: Die Skeptiker sind unentwegt auf der Suche, setzen jeder Meinung eine entgegengesetzte Meinung entgegen, so daß eine *Isosthenie*, eine «Gleichkräftigkeit» beider Meinungen (*isosthenés diaphonia* = «gleichwertiger Widerstreit»*)* auftritt und beide Meinungen gleichermaßen glaubwürdig und unglaubwürdig sind. Den Akademikern hielt Sextus entgegen, sie behaupteten die Unmöglichkeit des Wissens selbst dogmatisch (deshalb werden die Akademiker häufig «negative Dogmatiker» genannt), während sie doch gerade über dieses Wissen um die Unmöglichkeit des Nichtwissens nicht verfügen könnten. Die Schriften des Sextus stellen einen Höhepunkt in der skeptischen Philosophie des Altertums dar. Sie sind, sieht man einmal von den Schriften des philosophischen Eklektikers Marcus Tullius Cicero (106–43 v. Chr.) ab, das einzige Werkcorpus, das von einem antiken Skeptiker erhalten ist. Nach Sextus versiegte der Strom des skeptischen Denkens für mehr als ein Jahrtausend fast vollständig; erst mit seiner Wiederentdeckung durch die Humanisten bekam der Zweifel wieder erweiterte Rechte im Reich des Geistes zugebilligt.

Diese Rechte mußten zunächst im Rahmen des theologisch Opportunen genutzt werden. Beispielsweise sprach sich Desiderius Erasmus von Rotterdam (1466–1536) in Auseinandersetzungen, die weder von der Vernunft noch von der Bibel geschlichtet werden könnten, für eine pyrrhoneische Urteilsenthaltung aus und delegierte die Entscheidung an die kirchliche Tradition (De libero arbitrio Ia4, S. 7). Diese Form des Konservatismus ist übrigens schon für den antiken Pyrrhonismus typisch: Es gibt nie hinreichend Gründe, sich für das Neue zu entscheiden und sein Handeln zu ändern. Also bleibt man – nicht aus Überzeugung, sondern um der Entscheidungsvermeidung willen – beim Alten. Auf Erasmus' Gegenspieler Martin Luther (1483–1546) machte die skeptische Verteidigung der Tradition allerdings wenig Eindruck –

der Heilige Geist sei kein Skeptiker (De servo arbitrio, S. 100)–, obgleich der Reformator der Vernunft noch viel weniger zutraute als der Humanist Erasmus. Im Zeitalter der konfessionellen Bürgerkriege wurde ein skeptischer Individualismus, wie ihn Michel Eyquem de Montaigne (1533–1592) entwickelte und ihm in seinen *Essais* eine literarisch adäquate Form verlieh, eine attraktive Technik der intellektuellen Distanzierung widrigen Zeitgeschehens. Montaigne führte seinen Lesern unentwegt vor Augen, wie sehr ihr und sein Urteilen von gänzlich kontingenten Faktoren bestimmt werde; er blieb wie die antike Skepsis hauptsächlich an der Seelenruhe interessiert. An ihn, der mangels Argumenten für das Neue an den Traditionen seines Herkommens, nämlich am Katholizismus festhielt, schloß sich im siebzehnten Jahrhundert der skeptische Fideismus an, der verschiedene Strategien erprobte, die Vernunft als zur Erkenntnis unfähig hinzustellen und an ihrer Stelle den absoluten Vorrang der Offenbarung zu behaupten.

Eine ganz andere Funktion erhält der Zweifel bei René Descartes' (1596–1650) Versuch, Philosophie und Wissenschaften neu zu begründen. Sein *methodischer Zweifel* ist ein Instrument der wissenschaftlichen Erkenntnis: Nur was den radikalen Zweifel an aller Erkenntnis unbeschadet übersteht, kann wahrhaftes Fundament der Philosophie sein. Nach Descartes ist dies das *ego cogitans*, das denkende Ich, denn damit überhaupt ein Zweifel da sein kann, muß es etwas geben, was zweifelt. Diese wissenschaftsmethodologische Inanspruchnahme des Zweifels sollte, bei aller Kritik an Descartes, Schule machen: Zweifel als Mittel der Selbstvergewisserung des Wissens. Der theoretische Zweifel, der jetzt nur noch am Anfang, aber nicht mehr am Ende der Untersuchung stehen soll, wird instrumentalisiert zum Zwecke einer auf Gewißheit abzielenden Wissenschaft. Demgegenüber hat die skeptische Ethik der Antike den theoretischen Zweifel in existentiell-praktischer Absicht, nämlich zum Zwecke individueller Seelenruhe instrumentalisiert.

Spätestens seit Descartes steht die Integration und Widerlegung skeptischer Argumente auf der Traktandenliste jeder Philosophie, die mit dem Ehrgeiz auftritt, wahres Wissen zu verkünden. Es blieb nicht aus, daß sich die Zweifel auch gegen die Religion selbst zu richten begannen und eine entschieden religionsfeindliche Skepsis auf den Plan trat. Eine skeptische Auseinandersetzung mit den Vernunftkonstruktionen, die sich in der Metaphysik kristallisierten, setzte ein, ohne daß dieser Zweifel wie im Fideismus religiös inspiriert gewesen wäre. Manchen Vertretern der französischen Aufklärung, etwa Voltaire (1694–1778) und Denis Diderot (1713–1784), galt im Gefolge von Pierre Bayle (1647–1706) der Zweifel als probates Mittel gegen die Anmaßungen einer ins Spekulieren geratenden Vernunft. Während David Hume (1711–1776) einer erneuerten akademischen Skepsis das Wort redete, nämlich einer illusionslosen Bescheidenheit im Hinblick auf die Erkenntnisleistungen unserer Sinnesorgane und unserer Vernunft, stellte Immanuel Kant (1724–1804) die «skeptische Methode» in den Dienst der Vernunftkritik, die sowohl den metaphysischen Dogmatismus wie den Skeptizismus überwinde. Dagegen meldeten neue Skeptiker wie Gottlob Ernst Schulze (1761–1833) Bedenken an. Eine weitere Dimension gewann die Skepsis dort, wo sie etwa bei Søren Kierkegaard (1813–1855) und bei Friedrich Nietzsche in Gestalt des existentiellen Zweifels auftrat, dem es nicht mehr um die Erkennbarkeit der Welt, sondern um den Sinn des Daseins ging. So erkundete Nietzsche den Zusammenhang von Nihilismus und Skepsis. Nihilismus meint dabei jene Geisteshaltung, die dem Leben jeglichen Sinn abstreitet und die von Nietzsche als dominierende Tendenz seines Zeitalters attackiert wird.

In der Analytischen Philosophie des zwanzigsten Jahrhunderts kommt der Zweifel hauptsächlich unter dem Gesichtspunkt «Skepsis und Erkenntnis» zur Sprache. Skepsis wird hier als eine Position formuliert, gegen die man versucht, seine jeweiligen Erkenntniszugriffe auf die Welt zu rechtfertigen. Skepsis als akademisches Planspiel, könnte man sagen. Ans Eingemachte gehen die Erkenntniszweifel in den Postmoderne-Diskussionen der Gegenwart, die sich teilweise aus den existentiellen Zweifeln der Existenzphilosophie speisen. Man mag sich fragen, inwiefern in sogenannte postmodernistische Theorieansätze klassische skeptische Philosopheme einfließen.

Chancen skeptischen Denkens heute könnten in der Reaktivierung einer skeptischen Ethik liegen, die nicht zum vorschnellen pyrrhoneischen Rückzug aus der Lebenswelt bereit ist. Skeptische Ethik heute könnte zugestehen, daß es keine vorbehaltlose Erkenntnis gibt, zugleich aber weder Urteils-, Entscheidungs- noch Handlungsverzicht predigen. Sie könnte von letzten moralischen Zumutungen und Letztversicherungen entlasten. Skeptische Ethik heute könnte pluralisieren, neutralisieren, demokratisieren.

I. Unterhaltung

Was will der Mensch, wenn er unterhalten sein will?

Ob der Mensch überhaupt etwas will, wenn er unterhalten sein will, ist nicht so sicher. Ein wenig sicherer ist, daß viele wollen, daß wir uns unterhalten – beileibe nicht nur die sogenannte Unterhaltungsindustrie, sondern Politiker und Wirtschaftskapitäne gleichermaßen: Solange die Menschen unterhalten sind, fällt ihnen nichts Gefährlicheres ein. Als Gängelband der Macht ist Unterhaltung vorzüglich geeignet.

Aber was entfällt, wenn Unterhaltung entfällt, wenn ich Unterhaltung ganz einfach wegdenke? Um die Unterhaltung ist es eigentümlich bestellt: Unterhalte ich mich, dann bin ich in gewisser Weise aktiv; unterhalte ich mich mit jemandem, befinde mich also im lockeren Gespräch mit einem anderen Menschen, dann ist Geben und Nehmen ausgeglichen – ich unterhalte den anderen und werde unterhalten. Dann kann ich mich selbst unterhalten, indem ich Schneehasen züchte oder byzantinische Münzen sammle. Ich gönne mir dabei zwar eine Abspannung, behalte aber die Kontrolle über den Grad der Abspannung und auch sonst das Heft fest in der Hand. Häufiger jedoch werde ich unterhalten, werde zum Empfänger einer Unterhaltung, die andere für mich vorgefertigt haben. Das bedeutet auch, daß die Reflexivität entfällt, die im Sich-Unterhalten noch gegeben ist – egal, ob ich mich mit anderen unterhalte oder mich selbst mit etwas unterhalte. Werde ich nur noch unterhalten, bin ich als denkendes und fühlendes Wesen Spielball derer geworden, deren Unterhaltung mir verabreicht wird. Die vielbemühte «Interaktivität» mit den Unterhaltungsmedien besteht bestenfalls darin, von der Freiheit Gebrauch zu machen, von einem Kanal zum andern zu zappen.

Eine große, fast unwiderstehliche Lust liegt darin, einfach Objekt von Unterhaltung zu sein, von der ihre Produzenten glauben, sie sei gut für mich – oder sie sei gerade gut genug für sie. Ich bin also einem Einfluß ausgeliefert, dem ich aus eigener Kraft nichts entgegensetze. Ich befinde mich im Zustand des Erleidens.

Durch Erziehung bin ich dazu abgerichtet, Erleiden und Leiden für einen Mißstand zu halten, den ich durch Tun zu überwinden habe. Der Appell, das Individuum habe sich jederzeit seiner Freiheit bewußt zu sein und zu bedienen, ist erst in jüngerer Vergangenheit aufgekommen. Er billigt Leiden nur, insofern dieses Leiden der Preis der Freiheit ist – insofern ich es in Kauf nehmen muß, weil ich mit meinem Freiheitsverwirklichungsdrang an äußere Grenzen stoße. Das Recht auf ein nicht durch vergangenes, gegenwärtiges oder künftiges Tun verursachtes und legitimiertes Leiden scheint verweigert. Demnach habe ich das Erleiden von Unterhaltung abzuschalten, weil es mich in meinem Tun, meiner Freiheitsentfaltung hindert. Unterhaltung ist schlecht, weil sie mich zu Passivität verurteilt, sofern ich mich bloß unterhalten lasse.

Aber, so läßt sich zweifelnd zurückfragen, was ist das für eine Freiheit, die mir bloß das Recht zum Tun, nicht aber zum Erleiden läßt? Eine Freiheit, die mir permanent Handeln abverlangt, aber die große Lust an der Passivität, die mir etwa darin widerfährt, daß ich mich unterhalten lasse, unnachsichtig tilgt? Eine augenscheinlich ziemlich unvollkommene Freiheit (vgl. unten Abschnitt 29).

In seiner Schrift *Über die Kategorien* (Kapitel 4 und 9) stellt Aristoteles (384–322 v. Chr.) das Leiden oder Erleiden als eine eigenständige Kategorie heraus. Das bedeutet: «Leiden» oder «Erleiden» ist eine Hinsicht, nach der sich ein Gegenstand klassifizieren läßt, ebenso wie man diesen Gegenstand beispielsweise nach den Kategorien der Quantität, der Qualität, des Ortes, der Zeit und des Tuns bestimmen kann. Man kann etwa sagen, es gebe zwei (Quantität) Pferde, die seien schwarz (Qualität) und stünden auf dem Marktplatz (Ort), und zwar heute nachmittag (Zeit); und die schwarzen Pferde äßen Hafer (Tun) und würden von der Sonne beschienen (Erleiden). Die Kategorie des Erleidens heißt also, daß demjenigen, über das oder den etwas gesagt wird, etwas widerfährt, was er oder es nicht selber bewirkt. Wenn ich mich unterhalte, dann tue ich etwas (Kategorie des Tuns); wenn ich unterhalten werde, erleide ich etwas (Kategorie des Erleidens). Jedoch ist die Kategorisierung bei Aristoteles nur eine logische Analyse unseres Urteilens, nicht aber ein Werturteil. Es ist nicht schlecht, daß die beiden schwarzen Pferde dem Sonnenschein ausgesetzt sind; es verhält sich einfach so.

Eine werturteilsfreie Betrachtung könnte sich auch für das Leiden an Unterhaltung empfehlen. Wenn ich probehalber einmal annehme, Unterhalten-Werden sei reine Passivität, reines Erleiden (was es, genauer betrachtet, nicht ist, weil ja, damit ich unterhalten werde, die unablässige Aktivität meiner Sinnesorgane und meines Gehirns gefordert ist), so darf daraus doch nicht abgeleitet werden, es sei schlecht, bloß weil es einer zweifelhaften Engführung von Freiheit und Aktivität entgegensteht. Diese Engführung erscheint, wenn nicht als Ausdruck einer bestimmten Ideologie, so doch als eine dogmatische Behauptung, gegen die skeptische Vorbehalte anzumelden sind. Die grassierende Lust an der Passivität des Unterhaltenwerdens ist vielleicht der kulturwüchsige Ausdruck einer Tugend des Gewährenlassens, der Gelassenheit. Es handelt sich um eine Tugend, die keiner Tugendlehre bedarf. Ich muß die Passivität des Unterhaltenwerdens nicht beständig in Aktivität zu verwandeln trachten. Ich bin nicht verpflichtet, beständig Agent meiner Freiheit, das heißt, handelnde Person zu sein. Wenn es ein Recht zum Handeln geben sollte, warum nicht auch ein Recht zur Handlungsverweigerung oder zum Handlungsaufschub (vgl. unten Abschnitt 13), das ich beim Unterhalten-Werden auskoste?

Der philosophische Zweifel sollte sich nicht auf wohlfeile Zivilisationskritik beschränken und die Motive aufspüren, die die uns Unterhaltenden zu ihrem Handeln veranlaßt. Er darf auch fragen, ob sich nicht in der Lust, unterhalten zu werden und wenigstens für einige Minuten oder Stunden passiv zu sein, eine Grundhaltung skeptischen Philosophierens artikulieren könnte: Nämlich die *epoché*, die Urteilsenthaltung. Ich muß nicht immer zu allem und jedem in eine urteilende Beziehung treten. Beispielsweise kann ich ganz einfach mit dem Helden eines Filmes «mitgehen», mitfühlen, ohne als das Individuum, das ich nun einmal bin, wenn ich nicht der Passivität fröne, gleich auf Taten zu sinnen. Ist die praktizierte Urteilsenthaltung *während* des Unterhaltenwerdens statt einer Perversion der skeptischen Urteilsenthaltung nicht vielmehr deren kaum bewußter, natürlicher Ausdruck? Ist Unterhaltenwerden eine Einübung in *epoché*? Vielleicht ist es gerade gut, soll heißen: mir und meiner Mitwelt angemessen, wenn ich im Augenblick des Unterhaltenwerdens gar nichts mehr will. Was mich an der Rückgewinnung des Willens zum Tun danach nicht zu hindern braucht.

Übung: Deaktivieren Sie die Medien der Unterhaltung, die bei Ihnen eine besonders dominante Rolle spielen. Lassen Sie frühmorgens den Radioapparat, der Ihre Lieblingsschlager plärrt, ausgeschaltet, greifen Sie nach dem Frühstück nicht zum Handy, um im Spielmodus noch einige Ballone abzuschießen, machen Sie keine Anstalten, sich im Pausengespräch von Ihren Arbeitskollegen mit Schnurren auf dem laufenden zu halten. Wenn Sie nach Hause kommen, sehen Sie davon ab, den Fernseher auch nur von Ferne anzusehen. Das von Tante Gertrud geschenkte Buch, das Sie eigentlich nie lesen wollten, zu dem Sie aber im Unterhaltungsnotstand zu greifen geneigt sind, lassen Sie liegen. Sie setzen sich hin und stellen fest, wie viel Ruhe – und Freiheit von all den Dingen des Daseins Ihnen eigentlich vergönnt ist.

Sodann reaktivieren Sie die Unterhaltungsquellen, verschreiben sich eine erhöhte Unterhaltungsdosis, kosten in vollen Zügen die Lust aus, bloß passives Medium der Unterhaltungsindustrie zu sein. Und fragen Sie sich, wenn Sie aus den Wogen des Unterhaltenwerdens auftauchen, ob Sie darin nicht eine Handlungsabstinenz geübt haben, die Ihnen gelegentlich ebenso gut tut wie der von Ihnen bewohnten Welt.

2. Geld

Zerschellt nicht jeder Zweifel am harten Faktum des Geldes? Man hat Geld oder man hat es nicht. Kein Zweifel kann es wegzaubern.

Über die Zauberkünste von Regierungen und Notenbanken, Geld her- und wegzuzaubern, wird sich der ökonomische Laie zwar gelegentlich wundern – aber dem Einzelnen ist diese magische Fähigkeit im Umgang mit Geld gewöhnlich verwehrt. Ihm stellt sich die Frage, wieviel er davon braucht und wie viel er davon haben kann. Daß es auf Geld nicht ankomme, ist demgegenüber unter Philosophen eine verbreitete Überzeugung. Der römische Epikureer Lukrez (ca. 99/94–55 v. Chr.) beispielsweise bringt das Trachten nach Reichtum mit dem Wunsch in Verbindung, den Gedanken an die eigene Sterblichkeit möglichst weit von sich zu schieben (Natur III 64–71). Dieser Glaube, Geld habe an sich einen Wert und bändige selbst die Macht des Todes, gibt nach Lukrez dem ganzen Leben eine falsche, der Seelenruhe abträgliche Richtung. Vom Kyniker Diogenes von Sinope (ca. 400–323 v. Chr.) wird nicht nur berichtet, er habe als Clochard in einer Tonne gelebt, um damit äußerste Bedürfnislosigkeit unter Beweis zu stellen. «Einige behaupten, er sei zum Aufseher gemacht worden und habe sich von den Werkleuten bereden lassen […], zum delischen Tempel sich zu begeben, um dort anzufragen, ob er das vornehmen dürfe, wozu man ihn auffordere (nämlich eine Änderung des Nomisma). Als der Gott es erlaubte, nämlich eine Änderung der staatlichen Ordnung [*politikon nomisma*] überhaupt (nicht aber der Münze [*nomisma*]), fasste er es anders auf, fälschte die Münze, ward gefasst und musste, wie einige vermelden, in die Verbannung gehen.» (Diogenes Laertius VI 20, S. 304 f.) Diogenes scheint also einen «kreativen Umgang» mit Geld gepflegt zu haben, aus der Erkenntnis heraus, daß wir es beim Geld ebenso wie bei der Organisation der Gesellschaft mit menschlichen Setzungen zu tun haben. Setzungen, die jederzeit revidiert werden können – mitunter selbst von einzelnen, die sich dazu das Recht herausnehmen.

Zwar kannten weder die alten Ägypter noch Homer Geld in Form von Münzen oder Geldscheinen. Es kann also hochkomplexe Kulturen geben, die ohne Geld auskommen. Mit dem historischen Erscheinen des Geldes scheint es aber für eine Kultur nahezu unmöglich geworden zu sein, es wieder loszuwerden. Daß sich Geld auf Welt reimt, wie Georg Christoph Lichtenberg (1742–1799) bemerkt, ist dabei kein Zufall: «es ist kaum möglich, dass es einen vernünftigern Reim gebe» (Sudelbücher, Heft G 227, Bd. 2, S. 172). *Unsere* Welt ist es, die sich auf Geld reimt.

Gleichwohl gehört Geld nicht zur natürlichen Grundausstattung des Menschen; es ist kein so rationales und notwendiges Ding, wie man alltagspraktisch anzunehmen geneigt ist. Selbst dann nicht, wenn die für den adäquaten Geldgebrauch benötigten Kompetenzen bei uns zur Grundausstattung gehören, die einem Menschen während seiner Sozialisierung vermittelt wird. Die Macht des Geldes besteht darin, höchst unterschiedliche Dinge miteinander ins Verhältnis zu setzen. Das Geld macht das Ungleichartige miteinander kompatibel, nicht ohne selbst das Abstrakteste zu sein, womit wir es im täglichen Leben zu tun haben. Die Münzen und Banknoten, die ich in meinem Portemonnaie mit mir herumtrage, sind als verkörpertes Geld zwar noch verhältnismäßig real, doch was ist mit dem Geld auf meinem Konto oder dem Geld, das sich in den Zahlen des Bruttosozialproduktes ausdrückt?

Geld ist auch ein skeptisches Medium. Denn es hat die Kraft, alle Dinge, die dafür käuflich sind, zu relativieren, zu vergleichgültigen. Was immer für Geld zu haben ist, es läßt sich im wahrsten Sinne des Wortes in anderes ummünzen. Einen Sportwagen kann ich für Geld verkaufen, um mir stattdessen einen Urlaub auf Tahiti zu gönnen oder Kupferstiche von Piranesi zu erwerben. Das Geld hat diese Möglichkeiten, mein Dasein auszufüllen, zu Waren gemacht, die miteinander austauschbar sind. Keine dieser Möglichkeiten hat einen Wert an sich. Es sei denn, ich verleihe ihr diesen Wert, weil ich mich dazu entschlossen habe. Die Übersetzung all dieser Möglichkeiten in Geldwert erlaubt es mir, zu ihnen auf Distanz zu gehen.

Geld bietet für den Skeptiker die nicht geringzuachtende Chance, zu allem, was sich in Geldwert ausdrücken läßt, in ein nüchternes, vorbehaltvolles Verhältnis zu treten – auch zum Geld selbst, indem man sich vor Augen führt, was damit nicht erlangt werden kann. Etwa die Befreiung von Tod und Todesangst.

Übung: Überprüfen Sie, welche Macht das Geld über Sie hat, und welche Macht Sie über Geld haben, indem Sie einen Geldschein zur Hand nehmen und ihn langsam über einer Kerzenflamme in Asche verwandeln. Was geht dabei in Ihnen vor? Mit der Vernichtung des Geldes vernichten Sie Lebensoptionen. Sie hätten dieses und jenes damit kaufen können. Doch was sind diese Lebensoptionen wert, wenn sie für Geld zu haben waren?

3. Bekannte

Tagtäglich gehen wir mit einer Vielzahl von Menschen um, sogenannten Bekannten. Wir unterhalten zu ihnen allerhand private und geschäftliche Verbindungen. Aber die Verbindlichkeit dieser Verbindungen ist gering. Wozu hat man sie?

Spätestens seit der Romantik herrscht in breiten Kreisen die Vorstellung vor, es gehe im Leben eigentlich nur um Nahweltbeziehungen. Wesentlich seien die Beziehungen zu den Menschen, die uns durch Verwandtschaft oder Wahl nahe stehen, während wir zu den Menschen außerhalb des magischen Nahweltbannkreises ein mehr oder weniger instrumentelles Verhältnis pflegten: Wir bräuchten sie bisweilen, um unser Geld zu verdienen, unsere Steuern zu bezahlen, um einzukaufen oder um uns zu bilden, um unseren Helfertrieb zu befriedigen oder um sie zu beerben. Wie selbstverständlich leiten Psychotherapeuten und Sozialarbeiter schwere psychische Anomalien aus Störungen im Nahweltbereich ab: Der arme Delinquent hatte eben keine liebende Mutter, und potentielle Partnerinnen sind ihm immer nach vierzehn Tagen davongelaufen. Niemand fragt, was geschähe, wenn einem Menschen zwar die unmittelbare Nahwelt von innigst verwandten oder gewählten Personen erhalten bliebe, aber alle Bekannten, alle Menschen des äußeren Umfeldes abhanden kämen, wenn keiner mehr da wäre, bei dem wir unser Geld verdienten, unsere Steuern bezahlten, einkauften, uns bildeten, unseren Helfertrieb abreagierten oder erbten. Wohlgemerkt: Es interessiert mich nicht, was wäre, wenn ich dann kein Geld oder keine Schule mehr hätte, sondern wie es um mich bestellt wäre, wenn die ganze von «Bekannten» gebildete Welt wegbräche.

Selbst der entschiedenste Romantiker, der die Erfüllung des Menschseins in der Hegung einer heilen Nahwelt zu erkennen wähnt, wird zugeben, daß die Grenze zwischen Nahwelt und der Welt der bloßen Bekannten nicht nur durchlässig ist (man erwählt sich jemanden zum Liebhaber, der bislang bloß Bekannter war; man verstößt den Ex-Ehemann in den Stand des «guten Bekannten»), sondern sich bei näherem Hinsehen überhaupt verzerrt:

Man tut mit Bekannten Dinge, die man zumindest nach dem Weltbild des Romantikers absolut den Nahweltpersonen vorbehält: Man schläft beispielsweise mit ihnen oder erzählt ihnen Dinge, die man der eigenen Schwester vorenthalten hat. Und andererseits verfährt man mit Menschen des Nahweltbereichs so, wie man es mit Bekannten zu tun gewohnt ist: Man instrumentalisiert sie für die eigenen Zwecke. Für den Romantiker ist das schwer verkraftbar.

Eine landläufige moralphilosophische Antwort auf die Verzerrungen in der Grenzziehung zwischen Nah- und Fernwelt – als ob es da einer Antwort bedürfte! – besteht darin, die Nahweltmoral universell auszudehnen und das für «die Lieben» Zuträgliche unterschiedslos auf alle Menschen anzuwenden. Die Losung hieße also Entdifferenzierung: Alle bloß Bekannten würden kraft ihrer Zugehörigkeit zur menschlichen Gattung der Nahwelt zugeschlagen. Was zur Folge hätte, daß jeder jedem unterschiedslos alles zuteil werden ließe: Jeder gibt jedem alles, jeder schläft mit jedem. Eine Lebenshaltung, die nur für große Schwerenöter oder große Heilige tauglich ist.

Eine mit dieser Universalisierung der Nahweltbeziehung verwandte Position, die mit noch rabiaterem Pathos auftritt, ist das Denken vom Anderen her, das der litauisch-französische Philosoph Emmanuel Lévinas (1906–1995) vertritt. Die Fremdheit des Anderen ist dabei absolut (Totalität, S. 100). Im Antlitz des menschlichen Gegenübers sieht Lévinas einen moralischen Anspruch an mich Gestalt annehmen, der unbedingt fordert (S. 95–97). Der Andere, der in meinen Gesichtskreis tritt, ist da, bevor ich mich als Ich überhaupt erst konstituiere – ich bin auf den Anderen nicht nur verwiesen, sondern angewiesen. Eine Unterscheidung von Nahwelt und bloß Bekannten entfällt; jeder Mensch, der in meinen Gesichtskreis tritt, nimmt mich voll und ganz in Anspruch, ja, erschafft mich erst. Ich bin für alle und alles verantwortlich – und der unbedingten Forderung, die sich in den Augen des Gegenübers kristallisiert, ohne Recht auf Rückzug ausgesetzt.

Der erkleckliche Erfolg Lévinas' namentlich in deutschen Landen hat, so steht zu vermuten, mit einer masochistischen Lust an der Selbstpreisgabe zu tun, mit der man Jahrtausende sogenannter Metaphysik, will heißen: Jahrtausende der Distanznahme, hinter sich zu lassen hofft. Der Masochismus liegt im Wissen, daß man den unbedingten moralischen Forderungen niemals gerecht zu werden vermag – zumal dann nicht, wenn man an der Priorität der Ethik festhält, die Lévinas meint festschreiben zu sollen, getreu der Sentenz des Staretz Sossima bei Fjodor M. Dostojewski (1821–1881): «ein jeder von uns ist vor allen an allem schuld, ich aber bin es mehr als alle anderen» (Brüder Karamasoff, S. 471). Dieser Masochismus der Distanzaufgabe – «ich fühle es, fühle es bis zur Qual» – ist eng verwandt mit der Lust, die die Menschen lange Zeit an der Erbsündenlehre gefunden haben: Erhoben werden unbedingte Forderungen an das Individuum, das ihnen in keiner Hinsicht zu genügen vermag. Daraus folgt eine Mischung von Zerknirschung und Selbstaufopferung als Prinzip, ein Selbsthenkertum als Methode und Ziel gleichermaßen. Moral gründet demnach im Opfer. Eine gründlichere Auslöschung von Philosophie als Habitus intellektueller Distanznahme und von Ethik als Verzicht auf hypertrophe Allverantwortung ist schwerlich denkbar. Ich will nicht darüber spekulieren, ob es nicht diese Auslöschung ist, die solches Denken für den Zeitgeist so attraktiv macht.

Auch der prophetische Gestus und der unerbittliche Verkündigungston Lévinasschen Schreibens ändern nichts am schlichten phänomenalen Befund, daß das Antlitz des Gegenübers mir in erster und in zweiter Linie nur eines ist: gleichgültig. Es geht mich – und darin liegt eine eminente Freiheitserfahrung – zunächst nichts an. Allfälliges Mich-Angehen ist schwer errungen, mit einem Lächeln vielleicht oder einem Wort, das der andere an mich richtet, wodurch er aufhört, ein Unbekannter zu sein und zum Bekannten mutiert. Der Bekannte hält die Mittelstellung zwischen den Unbekannten und der personalen Nahwelt. Gewöhnlich erst als Nahwelt kann mir der andere zum Geliebten (es gibt auch eine im Fall unerwiderter Liebe einschlägige, imaginäre Nahwelt), zur Verpflichtung, zur Herausforderung und zur Belastung werden, während er mich als Unbekannter in einem ganz ursprünglichen Sinne nichts angeht.

Bekannte sind in gewisser Weise berechenbar, wenn auch nicht in dem Maße und bis in letzte Abgründe hinein wie die Menschen, die die Nahwelt bevölkern. Bei den Bekannten ist nicht wie bei den Unbekannten mit unabsehbar großen Überraschungen zu rechnen. Die Bekannten sind mir nicht gleichgültig wie die Unbekannten, deren abstrakte Bekanntheit (zum Beispiel als Menschen, als leidensfähige Wesen, als potentielle Käufer) ich voraussetzen muß, wenn ich sie zum Gegenstand meines Handelns machen will. Meine Nahwelt demgegenüber vereinnahmt mich; sie macht mich parteiisch und leidenschaftlich. Den Bekannten gegenüber bleibe ich kalten Mutes; an ihnen kann ich in der Weise handeln, die man früher einmal «vernünftig» und «gerecht» genannt hätte. Selbst wenn mir der Bekannte unsympathisch, ja widerwärtig ist, bemühe ich mich um *contenance*, solange mir nichts Böses von seiner Seite widerfährt. Bekannte sind mir als Menschen präsent, aber ich bin ihnen gegenüber zu nichts gezwungen; sie können von mir nichts «verlangen». Daher rühren die Versuche der Filzbildung in allerlei Verbrüderungsvereinen – von der Freimaurerloge über den Schützenverein bis zur Camorra –, die das bloße Bekanntsein und damit mein freies Mich-ins-Verhältnis-Setzen zum anderen unterbinden sollen, indem sie den anderen (nicht irgendeinen, sondern meinen Vereins-Mitmeier) zu meinem Bruder erklären, der entsprechend offensive Forderungen an mich stellt.

Skeptischer Vorschlag zur Güte: Nahweltreduktion und sich fragen, ob ich nicht in den Bekannten das Beste, Verläßlichste habe, was ich an Menschen haben kann. Das Zumutungsentlastungsträchtigste.

Übung: Stellen Sie sich eine Welt vor, in der Ihre Nahwelt nicht mehr von Ihnen fordert als Bekannte auch fordern dürfen: Daß Sie sie nämlich nicht behelligen oder bedrohen. Eine Welt ohne fordernde Nahwelt – eine Welt, in der es nur Bekannte und Unbekannte gibt. Sie denken, das sei eine Welt voller Schrecken, voller Einsamkeit, voller Abgründe, eine Welt ohne Liebe, ohne Leidenschaft. Aber lassen Sie sich da nicht vom überkommenen Vorurteil leiten? Denn Sie hätten in einer solchen Welt keine Probleme mit Neid und Eifersucht. Niemand besäße eine Nahwelt; Sie müssten also nicht entbehren, was andere ihr eigen nennen. Wäre eine Welt ohne Nahwelt nicht erholsam?

4. Rollen

Welche Rolle spielen in unserem Leben die Rollen, die wir zu spielen haben? Hält uns beispielsweise der Beruf als Rolle nicht vom Eigenen und Eigentlichen ab?

Die Rede von Rollen, die ich im Leben spiele, weckt die Vorstellung, daß es hinter diesen Rollen noch mein wahres Selbst geben müsse – etwas, das als Träger hinter allen Rollen steht. Diese Vorstellung von Rolle wiederholt das alte Substanz-Akzidenz-Modell des Aristoteles, das einer Sache ein Wesen oder eben eine Substanz zuschreibt, die sein Eigentlichstes ausmache. Dieses Wesen hat allerlei Eigenschaften, eben Akzidentien, die jedoch ohne Schaden für das Wesen weggestrichen werden können. Die Rede von Rollen ist eine Theater-Metapher; sie suggeriert, der Schauspieler, der die Rolle spiele, könne sich ihrer jederzeit entledigen, sobald er nur von der Bühne abtrete. Rollen wären dann etwas, was den Kern meines Selbst nicht berührt.

Wenn ich demnach die Rollen, die ich im Leben zu spielen habe, als Akzidentien begreife, die die Substanz meines Wesens nicht betreffen, dann könnte ich womöglich eine glücksverheißende Distanz zum Weltgetriebe wahren. Ist solche Distanz zu den eigenen Rollen nicht eine wahrhaft skeptische Errungenschaft?

Soll sie skeptisch sein, krankt die Distanz zu den eigenen Rollen als «Errungenschaft» allerdings daran, daß sie ihre entscheidende Voraussetzung nicht hinterfragt. Diese Distanz zu den Rollen beruht darauf, daß man die aristotelische Unterscheidung von Substanz und Akzidenz auf das Verhältnis von Menschenwesen(skern) und Rolle(n) anwendet. Dabei sind mindestens zweierlei Dinge fraglich. Nämlich erstens, wie weit die Unterscheidung von Substanz und Akzidenz überhaupt mit dieser Bestimmtheit aufrechtzuerhalten ist. Zweitens – und das muß mich hier hauptsächlich kümmern –, inwiefern das Substanz-Akzidenz-Modell, seine generelle Brauchbarkeit einmal vorausgesetzt, auf das Verhältnis von Menschenwesen(skern) und Rolle(n) anwendbar ist. Kurz: Woher weiß ich, daß sich hinter meinen Rollen noch ein Wesenskern, mein Eigenes und Eigentliches verbirgt? Ist solches Wissen nicht die Bedingung der Möglichkeit der vermeintlich skeptischen Distanz, in die ich zu meinen Rollen treten kann?

Für antikes Philosophieren ist Rollenethik durchaus nichts Abwegiges. In Rom führte sie der von Rhodos stammende Stoiker Panaitios (180–110 v. Chr.) ein, und zwar als die Lehre von den vier Masken, Rollen oder *personae* (Cicero, Pflichten I 107–151). Ihr zufolge ist die erste Rolle die, die dem Menschen als Gattungswesen von Natur aus zukommt und die die allgemeine Natur des Menschen ausmacht: «Diese eine tragen wir, insofern wir Menschen Vernunftwesen sind und uns dadurch allgemein vor den Tieren auszeichnen.» (I 107) Die Pflicht, die der stoische Philosoph daraus ableitet, ist die, daß ich als Mensch danach zu streben habe, mit der Natur, meiner Vernunftnatur in Übereinstimmung zu kommen.

Die zweite Rolle wird durch das bestimmt, was mir als Individuum von Natur zukommt, also durch meine individuelle Ausstattung, durch meine persönliche Begabung. Die Ausübung dieser zweiten Rolle bedeutet, daß man dieser persönlichen Begabung gerecht zu werden hat. «Jeder hat also seiner angeborenen Eigenart treu zu bleiben, soweit diese nicht sittlich schlecht ist.» (I 109 f.)

Die dritte Rolle ist diejenige, «die uns irgendein Zufall oder ein besonderer Augenblick auferlegt» (I 115). Sie ist also bedingt durch die äußere Kontingenz, die Zufälligkeit der Zeit und des Ortes meiner Existenz. Bei gleicher gattungsmäßiger (erste Rolle) und individueller (zweite Rolle) Ausstattung wird sich mein Dasein doch völlig anders gestalten, wenn ich als altbabylonische Prinzessin im Jahr 1344 v. Chr. geboren werde oder als schwarze Putzfrautochter im Harlem des Jahres 2005 n. Chr. Aber auch innerhalb einer Existenz können die Zufälligkeiten der Zeit und des Ortes erheblich variieren; von einer Fünfzigjährigen in einem Nobelhotel wird beispielsweise ein ganz anderes Verhalten erwartet als von einer Fünfzehnjährigen in einer Disco.

Die vierte Rolle nach Panaitios und Cicero ergibt sich schließlich daraus, daß wir Raum für unsere eigenen Entscheidungen haben. Da sind dem Individuum Spielräume eröffnet, sich sein Leben so zu gestalten, wie es ihm selbst tunlich erscheint.

Bei der Vergegenwärtigung der stoischen Rollenethik fallen zwei Dinge unmittelbar ins Auge: Zum einen fehlt hinter den *per-*

sonae oder Masken der Wesenskern. Es gibt nichts weiter als die Masken. Zum anderen ist der Freiheitsspielraum bei der Wahl und Gestaltung der Rollen stark eingeschränkt. Einzig die vierte Rolle weist auf individuelle Freiheit hin – und auch da werden ihr die Zügel des gesellschaftlich Schicklichen angelegt. Gewiß ist es möglich, anders zu gewichten als Panaitios das tut und etwa mein Freiheitspotential höher zu veranschlagen. Aber dies kann nicht darüber hinwegtäuschen, daß mir vielerlei Rollenanforderungen durch mein schieres Dasein und Sosein auferlegt sind: Ich kann nicht wählen, ob ich Mensch sein will oder nicht; ich kann meine individuellen natürlichen Begabungen nicht wählen – und auch nicht die Umstände, in die ich hineingeboren wurde.

Ich kann beispielsweise ein guter Bäcker sein, mich ganz und gar mit dieser Rolle identifizieren. Oder ich kann zwar Bäcker sein, die Bäcker-Rolle innerlich aber ablehnen, vielleicht, weil ich viel lieber Polizist geworden wäre. Zu derlei Rollen kann ich auf Distanz gehen, ohne daß ich meine Existenz als ganze zur Disposition stelle. Das tue ich nur, wenn ich bis gestern leidenschaftlicher Bäcker war, mein Leben mit Bäckersein ausgefüllt war und ich heute beschlossen habe, dem Bäckersein völlig zu entsagen. Von anderen Rollen kann ich mich nicht wirklich distanzieren. Ich mag zwar meine Eltern verleugnen, aber selbst fünfzig Jahre nach ihrem Tod höre ich nicht auf, ihr Kind zu sein – und höre nicht auf, gelegentlich diese Rolle zu spielen.

Das skeptische Problem mit den Rollen besteht darin, daß ich keinerlei Gewähr dafür habe, daß es hinter den Rollen noch ein Eigentliches und Eigenes gibt, das mich selber wesenhaft ausmacht. Daher ist es ratsam, nur zu fragen, was für die jeweiligen Rollen angemessen und gut ist – und wie ich sie gestalten kann –, nicht aber nach dem Angemessenen und Guten für das, was womöglich nur als ein metaphysisches Hirngespinst hinter allen Rollen vermutet wird.

Eine Rollenethik braucht man dann, wenn sich Selbstverständlichkeiten verflüchtigen. Wenn nicht mehr klar ist, was der Mensch an sich zu tun und zu lassen hat, wenn der Mensch als Mensch – wohl zu seinem Besten – nicht mehr sicher bestimmt werden kann.

Übung: Gewinnen Sie eine möglichst vollständige Übersicht darüber, welche Rollen Sie in Ihrem Leben spielen – auch gespielt haben und noch spielen werden –, indem Sie sich vergegenwärtigen, in welchem Verhältnis Sie zu anderen Menschen stehen. Die Rolle der Tante ist anders als die der Freundin, die der Käuferin anders als die der Verkäuferin, die der Liebhaberin anders als die der Passantin. Und vergessen Sie die Rollen nicht, die Sie sich selber gegenüber spielen. Etwa indem Sie sich Ihnen selbst gegenüber als Wohltäter, als Einfaltspinsel, als Held, als Drückeberger darstellen. Sodann versuchen Sie, von all diesen Rollen zu abstrahieren. Was bleibt?

5. Solidarität

Wie kann ein Mensch, der in seinen Rollen aufgeht, keinen absoluten Wesenskern hat und alle Menschen zu bloßen Bekannten degradieren möchte, Solidarität empfinden? Soll er es?

Wer Solidarität von *solidus* – fest, ganz, gediegen – ableitet, weckt Assoziationen zum Begriff der Solidität. Solche Assoziationen könnten nahelegen, daß Solidarität eine unverbrüchliche, in der Natur des Menschen verankerte Bereitschaft sei, sich für die Angelegenheiten aller anderen Menschen einzusetzen, eine mein Wesen ausmachende Fähigkeit, mich in unauflöslicher Gemeinschaft mit den anderen Menschen zu sehen, deren Anliegen ich zu den meinigen mache. Wäre dem so, hätte der Aufruf zur Solidarität den Zweck, etwas im Menschen bereits Angelegtes, durch falsche Sozialisation Verschüttetes wieder ans Tageslicht zu fördern. Der historische Ursprung des Solidaritätsbegriffs in Jurisprudenz und Ökonomie widerspricht allerdings bereits der Annahme, es gebe eine natürliche anthropologische Grundhaltung, sich für das Wohl der anderen Menschen einsetzen zu wollen. Die juristisch-ökonomische Solidarität bezieht sich auf die Verpflichtung *in solidum*, fürs Ganze, der man sich etwa als Inhaber eines Unternehmens unterziehen kann, nämlich fürs ganze Unternehmen. Eine Verallgemeinerung der Solidarität zu einer Beschreibungskategorie dafür, wie sich Menschen prinzipiell zu ihren Mitmenschen verhalten sollen, fand erst im Übergang vom achtzehnten zum neunzehnten Jahrhundert statt.

Man wird einwenden, die historisch zufällige Entstehung des Solidaritätsbegriffs ändere nichts an seiner Normativität. Immerhin ist es möglich, daß das Menschengeschlecht erst im Laufe der Zeit zu wahrer Einsicht in das gelangt, was den Menschen ausmacht. Und läßt sich Solidarität nicht mit dem viel älteren Begriff der Liebe, der allgemeinen Menschenliebe umschreiben, die mich dazu nötigt, mich unentwegt für die anderen einzusetzen?

Aber verwischt eine solche Gleichsetzung von Menschenliebe und Solidarität nicht klare Grenzen? Denn Solidarität ist zunächst einmal eine Solidarität im Handeln, eine Übereinstimmung mit anderen im Hinblick auf deren oder auf gemeinsame Handlungsziele, damit jedoch keine Übereinstimmung im Gefühl. Und doch handle ich solidarisch nicht einfach aus Pflicht, sondern auch aus Pflicht*gefühl*; ein emotionaler Aspekt ist unübersehbar, aber nicht identisch mit der Emotionalität der Liebe. Liebe bedeutet, daß ich die Menschen als solche zu Objekten meiner Zuneigung mache, während mir in der Solidarität die anderen Menschen als Objekte meiner Zuneigung ganz gleichgültig sein können, wenn ich nur in den Handlungszielen mit ihnen einig bin. In der Solidarität könnte ich mich, im Unterschied zur Liebe, von den anderen Menschen als Menschen auch skeptisch distanzieren.

Solidarität hat in ihrer Ausrichtung auf gemeinsame Handlungsziele eine wesentlich politische Dimension. Albert Camus (1913–1960) fand dafür eine radikale Formel: «Die Solidarität der Menschen gründet in der Bewegung der Revolte, und sie findet ihrerseits die Rechtfertigung nur in dieser Komplicenschaft.» (Mensch, S. 21) Wer der Phrase von der allgemeinen Menschenliebe mißtraut, wird Solidarität nicht ungern an Revolte gekoppelt sehen. Mit der intellektuellen Revolte gegen das Landläufige, gegen das gemeinhin für wahr Gehaltene, kann sich auch der Skeptiker anfreunden. Aus dem Gestus des Revoltierens allein – dem sich etwa der klassische Pyrrhoneer, der sich mangels hinreichender Gründe, sich für etwas Neues zu entscheiden, ohnehin verschließt – folgt für den Skeptiker noch keine Solidarität. Denn was rechtfertigt das Engagement für die Ziele anderer Menschen, wenn nicht einmal die eigenen Ziele hinreichend gerechtfertigt sind?

Richard Rorty (geboren 1931) hat vorgeschlagen, die Ansprüche an die Solidarität zurückzunehmen, «mit allen anderen Menschen» empfinden zu müssen (Kontingenz, S. 306). «Aus meiner Position folgt, daß Solidaritätsgefühle davon abhängen, welche Ähnlichkeiten und Unähnlichkeiten uns besonders auffallen, und daß der Grad der Auffälligkeit wiederum davon abhängt, was vom Scheinwerferkegel eines historisch kontingenten abschließenden Vokabulars erfaßt wird.» (S. 309) Für Rorty gibt es kein unveränderliches Wesen des Menschen, das diesem eine empathische Haltung allen seinen Artgenossen gegenüber moralisch aufzwingt. Gleichwohl meint er «etwas wie moralischen Fortschritt» (S. 310) ausmachen zu können – nicht als Entdeckung eines moralisch Universellen oder eines «Kern-Selbst», sondern als Fähigkeit, die Nahwelt, mit der man sich traditionell solidarisiert hat, zu überschreiten. Dies geschehe, indem ich die Unterschiede ausblende, die mich vom anderen Menschen trennen, seien doch die «Ähnlichkeiten im Hinblick auf Schmerz und Demütigung» größer als diese Unterschiede. Trotz seines Bekenntnisses, es lasse sich moralischer Fortschritt im Sinne einer Ausweitung des Aktionsradius von Solidarität empirisch aufweisen, will Rorty doch dem Engagement für andere Menschen keine Priorität vor den Bedürfnissen individueller «Selbsterschaffung» einräumen (S. 313). So etwas wie eine moralische Nötigung zur Solidarität wäre selbst nur das Produkt zufälliger Umstände.

Wollte man mit den skeptischen Rückfragen ernst machen, wird man sich eher danach erkundigen, ob Solidarität nicht immer schon dazu angetan ist, das Selbstgewählte, Eigene zu vernichten, indem man sich dem Eigenen anderer handelnd und fühlend hingibt. Wozu ist Solidarität nötig? Im Gefüge menschlichen Zusammenlebens wirkt sie als Kitt, überschreitet aber häufig die Grenze zur Selbstpreisgabe. Weshalb also nicht die Solidarität durch Interesse ersetzen, durch ein Interesse für das Wohl und Wehe anderer – womit ich mich nicht gleich mit den anderen verbrüdere, sondern zugunsten einiger anderer mitunter das tue, was ich für geraten halte? Den anderen brauche ich das mir geraten Erscheinende nicht aufzudrücken – ebensowenig wie ich mir das allgemein für geraten Gehaltene aufdrücken lasse.

Übung: Was geschieht mit Ihnen, wenn Sie sich solidarisieren? Wie viel geben Sie preis? Gewinnen Sie etwas dazu? Wir-Gefühl? Nestwärme? Würde eine aufs Juristische und Formale beschränkte Solidarität – eine Solidarhaftung der Gemeinschaft – nicht fürs Tägliche des menschlichen Umgangs vollauf genügen? Erproben Sie in Ihrem Gefühlshaushalt Solidaritätsabbau und Solidaritätsrückversicherungen!

6. Reisen

Reisen verändere Menschen, heißt es in Reisebüro-Prospekten. Reisen erschließe eine Vielzahl neuer Perspektiven, was ja auch für den Skeptiker ein erheblicher Gewinn zu sein scheint. Ist der Skeptiker also Inbegriff des Nomaden?

Zum Nomadisieren verlocken nicht nur Prospekte von Reisebüros und die das Ferne ins Nahe heimholenden Bildwelten von Fernsehen und Internet. Die gewöhnlichen Lebensumstände zwingen vielen Menschen unentwegte Mobilitätsleistungen auf – das tägliche Pendeln zum Arbeitsplatz, die Verlegung des Wohnsitzes vom äußersten Norden in den tiefsten Süden des Landes, das Führen einer «Wochenendbeziehung» mit jemandem, der sein Leben tausend Kilometer entfernt fristet. Es ist nicht ausgemacht, daß solche Mobilitätsroutine tatsächlich zur Erweiterung der Perspektiven beiträgt. Umgekehrt aber wird das Verweilen am Ort zu einer uneinlösbar erscheinenden, utopischen Hoffnung. Man spart sich dieses Verweilen – das übrigens unter dem Namen der *stabilitas loci* ein Grundpfeiler der Benediktiner-Ordensregel geworden ist, bezeichnenderweise zur Zeit der Völkerwanderung – für die Zeit nach der Pensionierung auf und läßt, ist dieser Lebensabschnitt einmal erreicht, dann doch nichts unversucht, «in steter Bewegung» zu bleiben, das heißt, jeder Einladung zu einer Werbefahrt ins Grüne Folge zu leisten. Die Kulturtechnik des Verweilenkönnens hat sich verflüchtigt.

Eine Verflüchtigung, die Blaise Pascal (1623–1662) zur schwarzgalligen Mutmaßung Anlaß gab, «dass alles Unglück der Menschen von einer einzigen Sache her komme, nämlich nicht in Ruhe in einem Zimmer verweilen zu können» (Pensées, S. 390, Nr. 139). Wobei, wird man einwenden, auch das, was der Mensch tut, wenn er in seinem Zimmer sitzen bleibt, nicht immer glücksträchtig ist. Da fallen ihm dann Dinge ein wie der Bußkampf mit Gott, der ebenfalls dazu dient, sich ein Unglück herbeizureden, das gar nicht da ist. Eine Glücksgarantie bietet das Verweilenkönnen jedenfalls nicht; im Verweilen kommt eine schwer zu bändigende Lust an der Selbstzerfleischung auf. Denn nichts stachelt mehr dazu an als das im Verweilen unabweisbar werdende Bewußtsein der eigenen Armseligkeit.

Also raten manche Kenner des menschlichen Lebens, dieser Armseligkeit den Rücken zu kehren. Michel de Montaigne zum Beispiel: «Jenen, die mich fragen, warum ich auf Reisen ginge, pflege ich zu antworten, dass ich zwar wüsste, wovor ich fliehe, nicht aber, wonach ich suche.» (Essais III 9, S. 488) Wer so spricht, verlagert den Rechtfertigungszwang: Rechtfertigen muß sich nicht, wer das Neue tut, also auf Reisen geht, sondern wer beim Alten, also zu Hause bleibt. Diese Verlagerung setzt freilich voraus, daß das, wovor man flieht, tatsächlich zu Hause lauert, und man reale Chancen hat, ihm zu entkommen, wenn man sich von zu Hause entfernt. Das sind etwas zu viele Unsicherheiten, um zum Reisen hinreichend zu motivieren. Womöglich merkt man erst, wie wenig fluchtwürdig das Heimatliche ist, wenn man es unwiederbringlich aufgegeben hat.

Indessen bedeutet Reisen, im Unterschied zum Nomadendasein, ja an sich kein völliges Aufgeben des Ortes, von dem man herkommt und an dem man Wurzeln geschlagen hat. Unwiederbringlichkeit ist im Hinblick auf das Heimatliche für den Reisenden kein Argument. Was für Wurzeln?, was für eine Heimat?, wird der überzeugte Nomade entnervt zurückfragen. Man solle keinen Ort haben, um sein Haupt niederzulegen, oder doch jeden Abend einen neuen, wenn man geistig frei bleiben wolle, stattdessen immer neue Perspektiven, immer neue Ich-Aufschübe. Eine panische Scheu vor allen Festlegungen, vor allen Herkunftsbindungen tritt auf, das Reisen erscheint als Inbegriff der Selbstentkoppelung. «Der Geist übt sich dabei ständig in der Beobachtung neuer, ihm unbekannter Dinge. Ich wüsste […] keine bessere Schule, uns im Leben weiterzubilden, als ihm unausgesetzt die

Mannigfaltigkeit so vieler andrer Daseinsweisen, Anschauungen und Gebräuche vorzuführen und ihn an diesem ewigen Wandel der Erscheinungsformen unsrer Natur Geschmack finden zu lassen.» (S. 489).

Doch Montaigne ist jeweils nach Hause zurückgekehrt – nicht bloß in seinen Turm, sondern auch in das Amt des Bürgermeisters von Bordeaux, in das ihn seine Mitbürger gewählt hatten, während er auf Reisen war. Sie scheinen nicht gefürchtet zu haben, daß Montaigne durch das Reisen seinen eigenen Perspektiven untreu geworden wäre. Oder sie gingen einfach davon aus, das Reisen werde sich bei ihm nicht anders ausgewirkt haben als bei den meisten Menschen, nämlich als fortwährende Vervielfachung der eigenen Welt: Man ist unendlich dankbar, überall nur die Kopien und Variationen dessen wiederzuerkennen, was man ohnehin bereits kennt.

Bei allem Spott, den der europäische Kulturbürger über jene Amerikaner auszugießen pflegt, die *Good, old Europe* nur besuchen, um da die etwas ranzige Vorlage dessen zu finden, was sie bei sich in Minnesota oder North Carolina ohnehin und in glänzenderer Gestalt ihr eigen nennen, dürfte es erhebliche Schwierigkeiten bereiten, einer solchen Motivation des Reisens jede Rechtfertigung abzusprechen. Denn zeugt es nicht von wahrer Weltbürgerschaft, wenn man überall nur das Eigene, das Menschliche und damit in allen Menschen seine (freilich geistig und finanziell minderbemittelten) Geschwister entdeckt? Was verbietet mir denn, mich in der Welt als meiner Welt heimisch zu fühlen? Wäre ich denn in einer Umgebung, die mir vollkommen fremd ist, die mir keinerlei Anknüpfungspunkte bietet, überhaupt lebens-, geschweige denn reisefähig? Muß nicht mindestens ein Grundvertrautsein mit dem Bereisten vorhanden oder versprochen sein, damit ich mich auf das Wagnis des Reisens einlasse? Ist die Rede von der völligen Selbstauslieferung des Reisewilligen ans Fremde, ans Nicht-Ich und ans Nicht-Eigene nicht bloß wohlfeiles Geschwätz professioneller Differenztheoretiker, deren Dogma von der Differenz argumentativ ebensowenig einholbar ist wie das Dogma von der Unbefleckten Empfängnis Mariae?

In der Vorrede zur ersten Ausgabe seiner *Ansichten der Natur* empfiehlt Alexander von Humboldt (1769–1859) dieses Werk, das gleichermaßen ein Reise- wie ein Naturbuch ist, zur Lektüre «vorzugsweise» «*bedrängten Gemüthern*»: «‹Wer sich herausgerettet aus der stürmischen Lebenswelle›, folgt mir gern in das Dickicht der Wälder, durch die unabsehbare Steppe und auf den hohen Rücken der Andeskette.» Humboldt schließt mit einem Chor aus Friedrich Schillers (1759–1805) *Braut von Messina*: «Die Welt ist vollkommen überall,/Wo der Mensch nicht hinkommt mit seiner Qual.» (Ansichten, Bd. 1, S. VI) Zumindest das Reisen aus zweiter Hand, die Rekapitulation von Reisen aus der Behaglichkeit des Lehnsessels heraus hat offenkundig therapeutische Funktion; es hilft bei der Verwindung realen und imaginierten Leidens.

Ob man Reisen nun als stete Perspektivenerweiterung, als kosmopolitische Entdeckung des Eigenen in Allem oder als Leidverwindungsmittel ansieht: In jedem dieser Fälle kann Reisen als Praxis der Selbstzurücknahme, der Selbstsuspension geübt werden. Während derjenige, der auf der Perspektivenvielfalt beharrt, seine eigene Perspektive als die einzig wahre und gültige zusammen mit einem dominanten Ich zurückstellt, wird derjenige, der das Andere nur als Mutation des Eigenen anerkennt, seinen Begriff vom Eigenen so sehr erweitern, daß sein Ich mit seinen partikularen Interessen im großen Ganzen an Kontur verliert. Und derjenige, der im Reisen dem Leiden entflieht, entflieht damit zugleich sich selbst. Reisen also als skeptische Praxis? «Skeptiker» sind ja Kant zufolge «eine Art Nomaden, die allen beständigen Anbau des Bodens verabscheuen» (Kritik der reinen Vernunft, A IX). Gegen Kant könnte man gerade die Aufklärungsträchtigkeit einer «nomadischen Vernunft» betonen (Röttgers, Kants Kollege, S. 104 ff.) – ohne deswegen in die Selbstgefälligkeit der professionellen Feuilletonnomaden abzugleiten, die von der Randständigkeit des «Flaneurs» und «Nomaden» salbadern und sich insgeheim doch als Zentrum des Weltgeschehens betrachten.

Übung: Buchen Sie einen Flug nach Mallorca und überlegen Sie sich, was Sie mit Ihrer Reise bezwecken. Wollen Sie Erholung? Vom Heimatlich-Gewohnten? Von der Langeweile? Von der Arbeit? Von Ihnen selbst? Treten Sie dann Ihre Reise an und tun Sie in deren Verlauf genau das, was man von nordländischen Mallorca-Touristen erwartet. Liegen Sie am Strand herum, gehen Sie in den «In-Schuppen», in die Pizzeria und betreten Sie nur die Souvenirländen, auf denen große Schilder anzeigen: «Hier spricht man deutsch». Was für eine Form der Selbstzurücknahme, der Selbstpreisgabe erreichen Sie damit? Erkennen Sie sich noch wieder? Falls ja, versuchen Sie es mit einem Trip an den Amazonas.

7. Technik

Daß wir dem Überhandnehmen der Technik in unserer Lebenswelt mit Skepsis begegnen sollen, war ein Gemeinplatz der zivilisationskritischen Philosophie des zwanzigsten Jahrhunderts. Auf welche Weise ist jedoch Skepsis der Technik gewachsen?

Was heißt da Technik? Was heißt da Skepsis? Im Jargon der zivilisationskritischen Philosophie bedeutet «Technikskepsis» erst einmal nicht mehr als das Unbehagen gegenüber einer als bedrohlich empfundenen, mechanischen Organisation der von Menschen bewohnten Welt. Ein Unbehagen, das ausdrückt, die Menschen seien in ihrem Zugang zur Wirklichkeit zunehmend auf maschinenförmige Prothesen angewiesen – gleichgültig, ob dieses Maschinenförmige die Gestalt von Automobilen, Rasterelektronenmikroskopen, Wasserstoffbomben oder Nanorobotern angenommen hat. «Technikskepsis» zieht offenkundig nicht in Zweifel, daß es eine Wirklichkeit gibt, auf die ich ohne Technik zugreifen kann, ja, eine Wirklichkeit, die sich mir nur erschließt, wenn ich auf das Bestreben verzichte, ihr technisch beizukommen. Diese Skepsis ist also nur partikular und schreckt davor zurück, ihre eigenen Bedingungen, die hohe, «authentische» Warte, von der aus der Angriff geführt wird, selber dem Zweifel zu unterwerfen. Das wäre ja, hört man es raunen, eine rein mechanisch-technische Anwendung von Skepsis, wollte man sie auch gegen die Voraussetzungen der «Technikskepsis» wenden. Dieses «instrumentelle Denken», das alles in Zweck-Mittel-Verhältnisse einpasse und immer nur nach Funktionen anstatt nach Sinn frage, sei gerade das Grundübel, das sich im Gefolge schrankenloser Technik allüberall eingenistet habe.

«Technikskepsis» operiert also mit der einfachen Opposition Natur/Technik, wobei die Technik, wenn sie das Stadium von Faustkeilen, Lehmhütten und Ochsenpflügen verlassen hat, den Part der weltgeschichtlichen Übeltäterin übernimmt. Nach Martin Heidegger (1889–1976) ist die moderne Technik ein «Gestell» als «das Versammelnde jenes Stellens, das den Menschen stellt, d. h. herausfordert, das Wirkliche in der Weise des Bestellens als Bestand zu entbergen» (Technik, S. 20). Technik zwingt nach Heidegger die Menschen dazu, einander und ihre Welt zu stellen, zu bestellen, herzustellen – aber wohl auch, so darf man mutmaßen, zu entstellen. Sie ist ein seinsgeschichtliches «Geschick», das zwar nicht ohne den Menschen, aber nicht allein durch ihn geschieht und die Wahrheit des Seins entbirgt oder verbirgt. Und im Geschick der Technik lauert, Heidegger zufolge, die Gefahr, sich im Bestellen zu verlieren – so daß wir mit Friedrich Hölderlin (1770–1843) nur hoffen können, daß dort, wo Gefahr ist, auch das Rettende wachse, das wiederum nicht menschlich-technische Leistung sei, sondern die alte Verwandte der Technik, die Poiesis, die Hervorbringungskunst, die Dichtung, die einen authentischen Zugang zum Sein eröffne, den die Technik verstellt hat.

Wem derlei Seinsgeschick den nüchternen skeptischen Blick verstellt, bedient sich zur Aufrüstung seiner «Technikskepsis» vielleicht lieber bei der Frankfurter Schule, etwa bei Herbert Marcuse (1898–1979), dem zufolge «die Technologie auch die große Rationalisierung der Unfreiheit des Menschen» verursache und von der «Instrumentalisierung der Dinge» in die «Instrumentalisierung des Menschen» umschlage (Eindimensionaler Mensch, S. 173 f.). Oder, wie Günther Anders (1902–1992) es faßt: *nicht der Mensch als Gerät neben Geräten, sondern der Mensch als Gerät für Geräte;* der Mensch als Werkstück innerhalb bereits gebauter Maschinerien oder innerhalb bereits festgelegter technischer Entwürfe» (Antiquiertheit, Bd. 1, S. 32). Entsprechend müsse es, so Jürgen Habermas (geboren 1929), um «das *Einholen dieser Technik in die praktische Lebenswelt,* das Zurückholen der technischen Verfügung partikularer Bereiche in die Kommunikation handelnder Menschen» (Technik, S. 113) zu tun sein. Und da gibt es, zumindest laut Theodor W. Adorno (1903–1969), mehr als nur einen Hoffnungsschimmer: «Ob die moderne Technik der Menschheit schließlich zum Heil oder Unheil gereicht, das liegt nicht an den Technikern, nicht einmal an der Technik selber, sondern an dem Gebrauch, den die Gesellschaft von ihr macht. [...] Die Technik würde nicht nur befreit werden, sondern auch zu sich selbst kommen in einer menschenwürdig eingerichteten Gesellschaft.» (Technik, S. 316). Nach dieser leise optimistischen Lesart ist die Gesellschaft, wenn sie sich denn richtig organisiert, nicht von Technik unterjocht, sondern deren Gebieterin.

Bei all diesen technikphilosophischen Ansätzen fällt der mehr oder weniger offen eingestandene Wille auf, Technik moralisch gefügig zu machen, indem man sie als etwas herausstellt, was keineswegs jene ihr alltäglich zugeschriebene Neutralität hat. Der geheime Hintersinn der Technik ist insofern moralisch, als jeweils nach dem Gutsein «der» Technik gefragt wird, sei es für die Emanzipation des Menschen, für das gesellschaftliche Ganze oder für die Entbergung des Seins selbst. Diesen Zwecken wird absolutes Gutsein zugesprochen. (Das Fragen nach zweckspezifischem Gutsein bräuchte ja noch nicht moralisch zu sein.) Technik gerät so in einen moralischen Instrumentalisierungszusammenhang; sie ist gut, falls sie zur Erreichung dieser Zwecke beiträgt, schlecht oder sogar böse, falls sie ihnen im Wege steht. Wenn man der Technik schon nicht technisch Herr wird, so doch moralisch – indem man einen ihr übergeordneten Zweck behauptet, der selber nicht technisch sei, zu dem sie sich aber negativ oder positiv verhalte. Bei einem Skeptiker könnte sich dabei der Verdacht einschleichen, dieses Verfahren sei selber nur ein technisches, ein moraltechnisches. Und überdies die Vermutung, man bewege sich mit diesen moraltechnischen Überlegungen auf einer dem Phänomen der Technik unangemessenen Terrain.

Aber welches Terrain wäre angemessener? Etwa eines, das ohne den Kollektivsingular «Technik» auskommt, dem sich dann irgendwelche Eigenschaften (vornehmlich schlechte oder gute) zuschreiben lassen, und wo sich stattdessen all die einzelnen Dinge versammeln, die Menschen herstellen und gebrauchen zum Zwecke anderer Dinge, die sie als übergeordnete Zwecke anstreben? Eine Phänomenologie des Technischen, zu dem ein Faustkeil ebenso gehört wie ein Buch, ein Teesieb ebenso wie ein Computer? Was wäre «Technikskepsis», wenn auch das Teesieb, das Buch und der Faustkeil zum Gegenstand dieses in Gestalt von Unbehagen sich zeigenden Zweifels würde? Offenbar doch ein Plädoyer für die Rückkehr zu einer vormenschlichen Stufe der Gattungsentwicklung. Wenn sich «Technikskepsis» andererseits nur auf bestimmte Ausformungen der technischen Lebenswelt bezieht, wird man sehr genau angeben müssen, wo das Übel anfängt, das man geißelt: Mit dem Ackerbau? Dem Buchdruck? Der Kernspaltung?

Vielleicht sollte man – nicht zuletzt zwecks Abbau jenes Unbehagens, das sich skeptisch gebärdet – das Verhältnis von Skepsis und Technik anders bestimmen. Nämlich lernen, Technik als Schule der Skepsis zu begreifen. Was ist damit gemeint? Technik ist ein privilegiertes Mittel der Distanzierung. Dank Technik bin ich der Natur – soll heißen: dem außermenschlich Gegebenen – nicht mehr unmittelbar ausgeliefert. Sie entlastet mich davon, mir alles zustoßen zu lassen und es damit ungeheuer wichtig nehmen zu müssen. In dem Augenblick, wo ich den Fluß zu kanalisieren beginne, hört er auf, eine mich und das Meine bedrohende, unheimliche Macht zu sein. Dadurch, daß der Mensch sich Naturgewalten unterwirft, schafft er sich eine Souveränität, die – wenngleich immer angefochten – skeptische Einreden erst ermöglicht.

Wer mit dem «Absolutismus der Wirklichkeit» (Blumenberg, Arbeit, S. 10) konfrontiert ist, hat Distanzierungen nötig – der Distanzierung durch Technik kommt dabei eine privilegierte Stellung zu. Und mit technischen Mitteln läßt sich ebenso eine Distanzierung von Technischem bewerkstelligen wie eine Distanzierung von der Natur. In dem Augenblick, wo ich am Computer sitze und einige Überlegungen zu Natur und Technik in die Tasten tippe, bin ich zwar einerseits von den Möglichkeiten und Grenzen der gerade gebrauchten technischen Apparatur eingeschränkt, kann mich aber andererseits mittels Technik über Technik erheben, indem ich sie für Außertechnisches, Gedankliches, instrumentalisiere. Ich kann Technisches verwenden für meine eigenen Neutralisierungs- und Distanzierungsinteressen. Technik ist Steigbügelhalterin der Skepsis und verdient es daher, selbst mit einer gehörigen Portion gelassener Distanziertheit betrachtet zu werden.

Übung: Welche technischen Erfindungen machen Ihnen Angst? Oder machen Ihnen die Menschen Angst, die sich ihrer – gegen Sie – bedienen könnten? Zählen Sie ein halbes Dutzend Sie ängstigender technischer Erfindungen auf, zum Beispiel die Atombombe, den Wecker, die E-Mail-Kommunikation. Fragen Sie sich nun, was die spezifische Distanzierungs- und Neutralisierungsleistung dieser Erfindungen ist. Dank der E-Mail-Kommunikation werden Sie nicht mehr von nächtlichen Anrufen belästigt; dank des Weckers sind Sie imstande, die Nacht- und Traumwelt, die Sie in den Urschlamm zurücktreiben will, hinter sich zu lassen; dank der Atombombe neutralisieren sich militärische Machtblöcke gegenseitig. Sie stellen fest, daß sich das Technische durch Reflexion wiederum neutralisieren läßt.

8. Bindung

Wenn Distanzierung ein Grundgebot skeptischen Philosophierens ist, wie ist dann Bindung möglich? Ist sie notwendig?

Sigmund Freud (1856–1939) berichtet von einem anderthalbjährigen Kind, das eine Holzspule besaß, um die ein Faden gewickelt war: «Es […] warf die am Faden gehaltene Spule mit großem Geschick über den Rand seines verhängten Bettchens, so daß sie darin verschwand, sagte dazu sein bedeutungsvolles *o-o-o-o* [fort!] und zog dann die Spule am Faden wieder aus dem Bett heraus, begrüßte aber deren Erscheinen jetzt mit einem freudigen ‹Da›. Das war also das komplette Spiel, Verschwinden und Wiederkommen, wovon man zumeist nur den ersten Akt zu sehen bekam.» (Jenseits, S. 225) Das Spiel des kleinen Jungen war offensichtlich darauf gerichtet, das Verschwinden und Wiederauftauchen der Mutter nachzustellen, und zwar so, daß er im Unterschied zum realen Erleben im inszenierten Drama des Verschwindens Herr der Lage blieb. Was es also im Leben des Jungen an Unkontrollierbarem gibt – und das ist naturgemäß das Meiste –, wird abgegolten mit dem Fort-Da-Spiel, in dem der Spieler absolute Verfügungsgewalt über seine Dinge besitzt. Daß sich in diese inszenierte Allmacht das Motiv der Rache mischt, nämlich der Rache an all jenen, die sich den Wünschen des Spielenden entzogen haben und entziehen, ist ebenfalls offenkundig.

In einer raffinierteren Fassung des Fort-Da-Spiels üben sich jene Neurotiker, Stoiker und Skeptiker, die sich der ständigen Gefahr, verlassen und verraten zu werden, nicht länger aussetzen wollen und daher eine prinzipielle Einschränkung des Kontrollbereichs erzwingen. Und da es sich bei menschlichen Bindungen stets um Bindungen handelt, über die der eine Gebundene ebensowenig die ganze Macht hat wie der andere, stellen sie für souveränitätsbedürftige Individuen ein Problem dar. Daher zirkeln sie jene Bereiche genau ab, in denen sie die Kontrolle auf jeden Fall behalten, was immer ihnen in den Beziehungs- und Bindungskisten widerfahren mag. Ausgewählte Rückzugsfelder – Sammeln zum Beispiel (vgl. unten Abschnitt 20) – ersetzen die Fadenspule; auf ihnen wird für Ausgleich der Kontrollungleichgewichte gesorgt, die im Umgang mit anderen Menschen unvermeidlich sind. Für den Stoiker Epiktet (ca. 50–140 n. Chr.) sind die lebensdienlichen Unterscheidungen glasklar: «Von den vorhandenen Dingen sind die einen in unserer Gewalt, die anderen nicht. In unserer Gewalt sind Meinung, Trieb, Begierde und Abneigung, kurz: alles, was unser eigenes Werk ist. Nicht in unserer Gewalt sind Leib, Besitztum, Ansehen und Stellung, kurz: alles, was nicht unser eigenes Werk ist. Was in unserer Macht steht, das ist von Natur frei und kann nicht verhindert oder verwehrt werden; was aber nicht in unserer Macht steht, das ist schwach, unfrei, behindert und fremdartig. [...] Wenn du nur das, was dein ist, für dein eigen ansiehst und das Fremde für fremd, so wie es das wirklich ist, so wird dich niemand jemals zwingen, niemand hindern, du wirst mit niemand unzufrieden sein, wirst nichts gegen deinen Willen tun, es wird niemand dir schaden, du wirst keinen Feind haben.» (Handbüchlein, Kap. 1, S. 17)

Ließe sich die Unterscheidung von Dingen, die in meiner Macht stehen, und solchen, die dies nicht tun, so leicht in die Lebenspraxis umsetzen, wie der Stoiker meint, könnte ich meine ganze Existenz als ein einziges großes Fort-Da-Spiel einrichten. Ich würde dann tunlichst an nichts mein Herz hängen, was ich nicht vollständig und unter allen Umständen in meiner Macht habe. Viele der Rückzugsfelder, auf denen ich mich von den Anstrengungen der

Kontrollabstinenz zu erholen gewohnt bin, sind nicht gänzlich vor Fremdeinwirkung mit zerstörerischen Folgen sicher. Wer garantiert, daß ich jeden Abend fröhlich weiter joggen kann, wenn schon an der nächsten Straßenecke der Lastwagen stehen könnte, der mir meine beiden Beine abfährt, so daß ich den Rest meines Lebens im Rollstuhl verbringen muß? Wer also der stoischen Lehre folgen will, darf seine Seelenruhe nicht in Sphären suchen, die er zwar gegenwärtig unter Kontrolle hat, die aber mit einem Federstrich oder Blitzschlag ausgelöscht werden können. Was der Stoiker anbietet, ist der völlige Rückzug ins eigene Innere, in geistige Tätigkeit, die von keinen äußeren, allenfalls veränderbaren Faktoren abhängig ist. Skeptischerseits wird man jedoch sogleich einwenden, daß die Möglichkeit einer solchen Autarkie vielleicht Göttern, nicht aber menschlichen Wesen vergönnt zu sein scheine.

Zunächst braucht geistige Tätigkeit, soweit wir darüber unterrichtet sind, immer ein materielles Substrat, sprich: ein Gehirn, über dessen physiologische Funktionsbedingungen die geistige Tätigkeit nicht verfügt. Mein Geist ist nicht Herr seiner Synapsenschaltungen.

Sodann ist es menschlicher geistiger Tätigkeit normalerweise nicht gegeben, nur um sich selbst zu kreisen – so wie Gott bei Aristoteles als ein ausschließlich sich selber denkendes Denken bestimmt wird (Metaphysik XII 9, 1074b34). Die «geistige Tätigkeit» des Menschen ist eher dadurch gekennzeichnet, daß sie stets auf Nahrung angewiesen ist – daß sie beispielsweise Sinneseindrücke zugeleitet bekommt, die sie verarbeiten und zu weit darüber hinausreichenden Gedankenketten synthetisieren kann. Sie wird in irgendeiner Weise welthaltig sein müssen. Aber auf das, was die «geistige Tätigkeit» als Material verarbeitet, hat diese «geistige Tätigkeit» nur sehr bedingt Einfluß; sie kann sich die Eindrücke, mit denen sie konfrontiert ist, gewöhnlich nicht auswählen. Die scheinbar so autarke «geistige Tätigkeit» entbehrt der Kontrolle über ihre eigenen Möglichkeitsbedingungen; sie hat nicht in ihrer Gewalt, was von außen auf sie einwirkt. Ist damit die stoische Autarkie – die intellektuelle Freiheit des Geistes von allen Bindungen – nicht ein bloßes Hirngespinst? Der Stoiker wird vielleicht erwidern, es sei gleichgültig, welche Art von Eindrücken und Einflüssen auf den Geist oder sein materielles Substrat, das

Gehirn, einwirkten, da der Geist selbst in seiner Tätigkeit stark genug sei, all diese Eindrücke und Einflüsse zu bewältigen und zu integrieren. Wer allerdings daran zweifeln will, vergegenwärtige sich, welchen Einfluß zwei, drei Gläser Schnaps auf die Tätigkeit des Gehirns haben. Die Souveränität des Geistes könnte sich so als eine gebundene, eine Souveränität in Bindung erweisen.

Schließlich werden sich die zweifelnden Bedenken ausweiten und die Unterscheidbarkeit dessen, was in unserer Macht steht und dessen, was es nicht tut, überhaupt in Frage stellen. Das, was ich in meiner Freiheit realisieren kann, ist stark eingeschränkt durch die Bedingungen, unter denen sich meine konkrete Existenz realisiert (vgl. unten Abschnitt 29). Die Freiheit meiner geistigen Tätigkeit ist vielfach eingeschränkt durch das, was ich mir auszudenken überhaupt imstande bin, durch die biologisch und gewohnheitsmäßig bedingten Strukturen meines Denkens, durch die konkreten Umstände, durch die mein Denken Nahrung bekommt und über die es sich womöglich erheben kann. Diese intellektuelle Selbsterhebung hat aber ersichtlich Grenzen – und kann nie die Bindung an die Beschränkungen hinter sich lassen.

Skeptisch meiner Gebundenheiten bewußt, dürfte ich gut daran tun, das stoische Fort-Da-Spiel, das mir eine absolute Herrschaft zumindest über wohldefinierte Bereiche meines Daseins suggeriert, im philosophischen Kinderzimmer einzulagern und mein Leben unter die Mutmaßung zu stellen, daß es – in welchen Sphären es sich auch abspielen mag – immerzu ein Leben in Bindungen ist. Eine Mutmaßung, die mir den kaum übermütig werdenden Mut schenken kann, Bindungen jedweder Art bewußt zu suchen und, wo es in meiner Macht liegt, sie auch einzugehen. Ich nehme in Kauf, daß Bindungen unter irdischen Verhältnissen immer zerbrechlich sind – und ihr Zerbrechen mich als notorisch instabiles Subjekt nicht unberührt lassen wird.

Übung: Woran fühlen Sie sich gebunden? Wie können Sie sich entbinden? Könnten Sie sich so entbinden, daß Sie sich frei fühlen? Woran bleiben Sie mit Ihrem Gefühl der Freiheit gebunden? Ist beim Akt der Bindung oder beim Akt der Entbindung der Lustgewinn größer? Erstellen Sie eine Karte Ihrer realen Bindungen und Entbindungsmöglichkeiten und auf einem anderen Blatt eine Karte Ihrer idealen Bindungen!

Wie lassen sich beide Karten zur Deckung bringen? Wie weit bestimmt die Topographie Ihrer Bindungen das, was Sie sind, und das, was Sie sein möchten?

9. Recht

Wie ist es um das Verhältnis von Rechtsordnung und Moral bestellt, wenn die Skepsis bei dieser Erörterung Sitz und Stimme erhält?

Ein wesentlicher Bestandteil der Rechtsordnung ist das Strafrecht. Es regelt, welche Verhaltensweisen als derart schädlich für andere Mitglieder der Gesellschaft angesehen werden, daß sie geahndet werden müssen. Die Gesellschaft als ganze wird durch das Strafrecht stabilisiert. Zur Stabilitätssicherung ist es von Rechts wegen niemandem mehr erlaubt, persönlich Rache zu üben. Der Aspekt der Rache wird vielmehr unter dem Stichwort der Vergeltung in die obrigkeitlich verordnete Strafe selbst eingetragen. Was indessen nicht bedeutet, daß das persönliche Rachenehmen in unseren Breiten ausgestorben wäre. Ich denke zum Beispiel an den Einwanderer aus dem Nahen Osten, der für sich die Befugnis in Anspruch nimmt, den jungen Mann, der seiner Tochter die Unschuld geraubt hat, mit ihr zusammen ums Leben zu bringen. Sein Tun wird in unserer Rechtsordnung wiederum als Straftatbestand verfolgt. Diese Rechtsordnung duldet im Hinblick auf die von ihr festgelegten Straftatbestände keinen rechtsfreien Raum.

Es bleibt eine Irritation: Offenbar gibt es innerhalb unserer Gesellschaft Menschen, die an den Schutz ihrer Interessen durch Polizei und Gerichte prinzipiell nicht glauben. Sie halten Handlungsweisen für rache- und sühnebedürftig, die vom Gesetzgeber in Stellvertretung eines angenommenen gesellschaftlichen Gemeinwillens für nicht strafrechtlich relevant erachtet werden. Wenn die Tochter kein Kind mehr ist und dem Geschlechtsverkehr zugestimmt hat, dann ist weder sie noch ihr Liebhaber nach der vorherrschenden Rechtsauffassung moderner westlicher Gesellschaften strafrechtlich zu belangen. Die Irritation mag zu der Einsicht führen, die Festlegung dessen, was strafbar sein soll, verdanke sich gesellschaftlich-historischen Umständen und keiner für alle unmittelbar evidenten Erkenntnis moralischer Wahrheiten.

Gelegentlich pflegen Gottes- und Rechtsgelehrte im Verbund mit Philosophen die gesetzlich festgeschriebenen Normen, das «positive Recht», auf das sogenannte Naturrecht zurückzubuchstabieren. Der Begriff des Naturrechts meint, daß es ein in der Beschaffenheit der Welt oder des menschlichen (Vernunft-)Wesens gründendes, unwandelbares Recht gibt, das allem positiven, von Menschen nach situativen Bedürfnissen geschaffenen Recht vorausgeht oder vorausgehen soll. Bloß: wie will man erkennen, was Bestandteil dieses Naturrechts ist und was nicht? Und wie ist das Naturrecht selbst begründet? Unterliegt man nicht einem Fehlschluß vom Sein auf das Sollen, wenn man aus dem (ohnehin erst) behaupteten Vorhandensein einer natürlichen Ordnung ableitet, es gebe eine moralische oder eine rechtliche Verpflichtung, dieser Ordnung gemäß zu leben? Für einen notwendigen logischen Zusammenhang von Naturrecht und positivem Recht fehlen Garantien: Warum soll nicht die Ansicht, daß man die angetastete Ehre seiner Familie zu retten habe, viel eher naturrechtskonform sein als das Verbot der Blutrache?

Hierbei darf nicht übersehen werden, daß die naturrechtliche Begründung positiven Rechts zwar eine moralische Begründung ist, daß aber beileibe nicht jede moralische Rechtsbegründung naturrechtlich ist. Bei Moral, verstanden als Komplex von Wertvorstellungen, die ein Individuum oder eine Gruppe von Individuen in ihrem Handeln und Unterlassen bestimmen, sind unterschiedlichste theoretische Voraussetzungen denkbar: Eine Moral mag sich beispielsweise aus direkter göttlicher Offenbarung ableiten wollen (etwa die Zehn Gebote); sie mag sich auf einen aus praktischer Vernunft geschöpften Pflichtbegriff stützen (wie bei Immanuel Kant) oder sie mag sich aus der Erwägung des größtmöglichen Nutzens für die größtmögliche Zahl speisen (Utilitarismus). Alle diese Moralen *könnten* beanspruchen, dem positiven Recht eine moralische Basis zu geben, und führen leicht zu der Vorstellung, rechtliche Normen *müßten* eine moralische Basis haben.

Diese Vorstellung betrifft insbesondere den Bereich des Strafrechts. Kaum jemand wird im Ernst von Mehrwertsteuergesetzen oder Friedhofsbepflanzungsverordnungen verlangen, sie seien auf moralische Begründungen zurückzuführen. Da sind wir geneigt, pragmatische Begründungen gelten zu lassen: Wir haben Mehrwertsteuergesetze und Friedhofsbepflanzungsverordnungen, weil diese (zumindest dem Anspruch nach) das Zusammenleben in komplexen Gesellschaften vereinfachen, nicht weil sie einer übergesetzlichen oder moralischen Wahrheit entsprechen. Aber wo soll dann die moralische Legitimation des positiven Rechts beginnen? Wie ist auszuschließen, daß derjenige, der Blutrache übt, eine ebenbürtige Legitimation seiner Rechtsauffassung hat? Welche übergeordnete moralische Instanz befindet über die Berechtigung der moralischen Überzeugungen, die den jeweiligen Rechtsauffassungen zugrunde liegen?

Leicht verlieren wir den Glauben, die Gesetze, mit denen wir es tagtäglich zu tun haben, seien in einer höheren – naturrechtlichen oder sonstwie moralischen – Ordnung verankert. Zwar stellen wir fest, daß diese Gesetze uns eine Ordnung des zwischenmenschlichen Umgangs vorschreiben, wissen aber nicht, ob dies die richtige, die uns entsprechende Ordnung ist. Womöglich neigen wir gerade in dieser Verunsicherung, über die letzten Gründe der Gesetze nicht unterrichtet zu sein, dazu, das Netz der das Leben reglementierenden Gesetze so eng wie möglich zu spannen. In modernen westlichen Gesellschaften kann prinzipiell alles zum Gegenstand gesetzlicher Reglementierung werden. Und es wird das auch. Die Reglementierungsdichte entspringt einer praktischen Erfordernis: Nichts mehr liegt unmittelbar auf der Hand, nichts kann mehr als «moralisch» selbstverständlich vorausgesetzt werden und wäre daher keiner gesetzlichen Regelung bedürftig. Ordnungsdefizite werden mittels Gesetzgebung ausgeräumt.

Wir sind zwar gewohnt, uns zur Rechtfertigung rechtlicher und insbesondere strafrechtlicher Normen auf Moral zu berufen. Jedoch liegt dieser alltäglichen moralischen Begründung des Rechts meist keine einheitliche Vorstellung von Moral zugrunde. Stattdessen pflegen wir situativ moralisch zu verfahren. Die jeweils miteinander verknüpften Moralvorstellungen sind oft unvereinbar: Wenn wir gegen die Folter an potentiellen Terroristen protestieren, tun wir das beispielsweise unter Berufung auf die metaphysische Idee einer unantastbaren Menschenwürde, aus der bestimmte mora-

lische Werte ableitbar seien. Wenn wir dafür plädieren, daß Sexual-
straftäter lebenslänglich in Verwahrung bleiben, argumentieren
wir utilitaristisch, behaupten also, daß diese Maßnahme den größtmöglichen Nutzen der größtmöglichen Zahl von Menschen zei-
tige. Nun kann dieselbe utilitaristische Begründung ebenso zur
Rechtfertigung der Folter an potentiellen Terroristen dienen; auch
hier scheint das Glücksinteresse der Mehrzahl das Unglück des
Folteropfers zu rechtfertigen. Zumindest ist dies die mehr oder
weniger offenkundige Überzeugung mancher Verantwortungs-
träger eines befreundeten Staates, die ansonsten gerne mit der in
der christlichen Offenbarungsreligion gegründeten «abendländischen Wertegemeinschaft» die Notwendigkeit ihrer Feldzüge
anpreisen.

Nun neigen die Philosophen spätestens seit Platon dazu, die
moralische Desintegration der Gesellschaft für ein großes Übel
zu halten, das es durch moralische Aufrüstung zu beseitigen
gelte. Darin unterscheiden sich viele Berufsphilosophen nicht
von amerikanischen Präsidenten. Aber wer genauer hinsieht und
seinen Kopf keinem zwanghaften Einheitswillen opfert, der wird
vielleicht erkennen, welche Chancen die Uneinigkeit in moralischen Dingen birgt – eine Uneinigkeit, die häufig genug auch
eine innere Unentschiedenheit verrät (einmal Menschenwürde,
einmal größtmöglicher Nutzen – fast im gleichen Atemzug). Die
Chancen der Uneinigkeit liegen in der Neutralisierung unverein-
barer moralischer Gesinnungen – eine Neutralisierung, die auf
ähnliche Weise vonstatten gehen könnte wie die Neutralisierung
religiöser Gesinnungen in der frühen Neuzeit (vgl. unten Abschnitt 18). Weshalb muß es sich im Bereich der Moral grundsätzlich anders verhalten? Könnte nicht die Konfliktträchtigkeit
entgegengesetzter moralischer Überzeugungen deren Ausschluß
aus dem Kernbereich der Gesellschaft nahelegen und eine Privatisierung von Moral herbeiführen? Wäre moralisches Partisanentum, das zwar partiell und kritisch ins öffentliche Leben
eingreift, nicht aber seine eigenen Ansprüche unstatthaft verall-
gemeinert und allen Menschen aufzwingen will, womöglich
hilfreicher als eine mit despotischem Einheitswillen auftretende
Hypermoral? Im Blick auf mögliche Konflikte von positivem
Recht und Moral könnte dieses moralische Partisanentum be-

deuten – wie es der deutsche Rechtsphilosoph Gustav Radbruch (1878–1949) nach den Erfahrungen mit der nationalsozialistischen Unrechtsjustiz vorgeschlagen hat –, daß dem positiven Recht normalerweise der Vorzug zu geben ist, «es sei denn, daß der Widerspruch des positiven Gesetzes zur Gerechtigkeit ein so unerträgliches Maß erreicht, daß das Gesetz als unrichtiges Recht der Gerechtigkeit zu weichen hat» (Rechtsphilosophie, S. 345). Wann ein solcher Zustand der Gerechtigkeitsverletzung eingetreten ist, muß jeder mit seinen moralischen Überzeugungen selbst ausmachen.

Wohlgemerkt: Die Neutralisierung beträfe – soll sich das gesellschaftliche Gefüge nicht gänzlich auflösen – nicht die Rechtsordnung als solche, wohl aber die sie vorgeblich tragenden moralischen Überzeugungen. Strafrecht insbesondere würde nicht mehr primär nach seiner moralischen Legitimation befragt – da kann jeder denken, wie er mag –, sondern nach rein funktionalen Gesichtspunkten bemessen. Man sollte sich keinen Illusionen darüber hingeben, daß das Strafrecht in erster und in zweiter Linie dazu dient, das Funktionieren der dieses Recht erlassenden und forcierenden Gesellschaft optimal zu gewährleisten, statt überhistorische und unwandelbare moralische Wahrheiten abzubilden.

Übung: Unter welchen Bedingungen wären Sie bereit, zu verlangen, ein Mensch müsse zugunsten des Wohlergehens vieler Menschen getötet werden? Rasch werden Sie bereit sein, den Mord an einem Tyrannen mit dem Argument des größeren Wohlergehens vieler zu rechtfertigen. Warum können Sie es dann nicht rechtfertigen, daß jemand in der Arena den Löwen zum Fraß vorgeworfen wird, wenn dies doch offenbar das Wohlergehen der vielen Zuschauer steigert? Sind es moralische Vorurteile, die Sie vor einer solchen Rechtfertigung zurückschrecken lassen?

10. Bildung

Wozu sollen wir uns Bildung aneignen, wenn nichts vor dem Zweifel sicher ist?

Wir leben in einer Epoche des Bildungsunbehagens. Zweifel sind allgegenwärtig und richten sich gegen die «Bildungsinhalte» ebenso wie gegen die Formen ihrer Vermittlung. Ein Kanon dessen, was Bildung ausmacht, existiert bestenfalls noch in den Köpfen einiger Abteilungsleiter in den dafür zuständigen Bildungsbürokratien, die den Schulen Benimmunterricht und neue Rechtschreiberegeln verordnen und sich überzeugt geben, daß Bildung so beschaffen sei wie der Anzug von der Stange, den sie im Büro zu tragen pflegen: Etwas zum An- und Ausziehen, nicht ganz paßgerecht, aber doch präsentabel bei allerlei gesellschaftlichen Gelegenheiten. Sonst aber fehlt weit und breit das Wissen darum, was Bildung sein soll.

Mit den Zweifeln, denen eine auf Anwendungswissen ausgerichtete Gegenwart die Bildung aussetzt, drohe – sagen die Hüter klassischer Bildungstraditionen – die Bildung zusammen mit der abendländischen Kultur unterzugehen. Wenn Bildung Zweifeln verfalle, erodiere der Zusammenhalt einer ganzen Gesellschaft und alles zerfasere im Unbestimmten, Willkürlichen und Schamlosen.

Eine solche Zerfaserung liegt da vor, wo man Bildung mit «Bildungsinhalten», mit individuell anzueignenden Wissensbestandteilen, mit einem bestimmten Repertoire für wichtig gehaltener Informationen sowie den Strategien ihrer Verabreichung gleichsetzt. Das Bildungsunbehagen, das sich hierauf bezieht, kann indessen heilsam sein. Denn es ermöglicht ein anderes, schon sehr altes Verständnis von Bildung als dynamische Ausformung eigener Identität. Solche Bildung wäre als fortgesetztes Trachten nach Formung der Persönlichkeit zu begreifen. Dabei verstummen die Zweifel hier nicht: Persönlichkeit ist nichts irgendwie Gegebenes, das man mit Bildung umhüllt wie ein Weihnachtsgeschenk mit Packpapier. Persönlichkeit könnte – soweit eine skeptische Mutmaßung – das sein, was der Bildungsprozeß hervorbringt und ein

Leben lang ständig neu gestaltet. Was man dem Bildungsunbehagen womöglich verdankt, ist also ein erheblicher individueller Gestaltungsspielraum, sich das zu eigen zu machen, was man als Eigenes will. Das Bildungsunbehagen lockt mit der Aussicht, daß die Gestaltung des eigenen Selbst zwar nicht ausschließlich, aber doch zu einem guten Teil in meiner eigenen Macht liegt.

Der Alltagszweifel bietet demnach die Möglichkeit, Bildung neu und individuell zu fassen. Bildung könnte das sein, was an jedem menschlichen Wesen über die Realisierung seiner bloßen Naturanlagen hinausgeht. Es ist etwas entschieden und unverwechselbar Eigenes, Maßanfertigung Zoll für Zoll, mitnichten von der Stange. Da tun sich allerdings neue Abgründe des Zweifels auf: Denn daß ich über meine Naturanlagen hinaus von vielen Faktoren geprägt, also gebildet werde, die ich nicht in meiner Hand habe, ist offenkundig. Wie soll ich mich selber bilden, wenn ich in meiner Bildung, in dem, was meine Persönlichkeit prägt, von Gegebenheiten abhängig bin, die nicht in meiner Macht liegen?

Auf diese Zweifel wird der routinierte Skepsisdompteur erwidern, eine Freiheit in leerem Raum, völlig unabhängig von allen bedingenden Faktoren, allen Umständen, in denen ein freies Wesen steht, lasse sich für menschliche Wesen nicht denken. Menschliche Freiheit bleibe stets und notwendig bedingte Freiheit, weswegen auch die Freiheit zur Selbstbildung eine bedingte Freiheit sein müsse – eine Freiheit im Rahmen der jeweiligen familiären, sozialen, historischen und geographischen Bedingungen.

Ganz beschwichtigt werden die Zweifler dadurch freilich nicht. Denn wie kann ich Gewähr dafür haben, nicht durch diese bedingenden Faktoren so sehr eingeschränkt zu werden, daß mir kein Spielraum für die Selbstbildung bleibt? Allgemein wird sich dafür keine Gewähr finden lassen, jedoch zeigt gerade das Bildungsunbehagen, daß wir offenbar in der Gesellschaft, in der wir leben, über Alternativen verfügen, wie wir unser Leben gestalten können. In der Wahl zwischen solchen Alternativen liegen meine Selbstbildungschancen. Diese Chancen sind keine objektiv gegebene Selbstverständlichkeit, sondern ein Privileg, dank dessen ich so etwas wie Freiheit erfahre.

Der für die Zersetzung der Bildungsgewißheiten verantwortliche Alltagszweifel läßt sich in einen philosophischen Zweifel verwandeln, und zwar zum Zwecke der Selbstbestimmung. Wenn das, was mich gebildet hat, ohne daß ich es wollte, nicht unbedingt sicher und gewiß ist, darf ich mir das Recht herausnehmen, dazu auf kritische Distanz zu gehen. Der Zweifel befreit mich von der Übermacht fremder Autorität. Ich stelle fest, daß es keine objektiv richtige oder gute Bildung gibt.

Schließlich zaubert der skeptische Mut zur Selbstbildung keine neuen Gewißheiten herbei. Denn die Zweifel an der Gewißheit überlieferter Bildungsvorstellungen lassen auch den Prozeß meiner Selbstbildung nicht unberührt. Wie kann ich denn sicher sein, daß das, wozu ich mich bilde, das Richtige, das mir Angemessene ist? Weil immer Zweifel offen bleiben, ob ich das bin, was ich aus mir mache – und ob ich überhaupt etwas aus mir machen kann –, bleibt der Prozeß der Selbstbildung ein unabschließbares Unterfangen. Zweifel halten Bildung als Bildungsprozeß am Leben.

Übung: Notieren Sie zwanzig Elemente Ihres Bildungsbestandes auf zwanzig Zettel. Also zum Beispiel das Sterbedatum Caesars, Mörikes Gedicht «Septembermorgen», die Grundsätze der Allgemeinen Relativitätstheorie, die Allgemeine Erklärung der Menschenrechte. Dann ordnen Sie die Zettel nach der Wichtigkeit, die Sie den einzelnen Elementen für Ihr eigenes Selbstverständnis zumessen. Jetzt nehmen Sie sich jeden Zettel in aufsteigender Wichtigkeit vor und prüfen, inwiefern Sie für Ihren Anspruch, hier jeweils ein Bildungswissen zu besitzen, hinreichende Gründe haben. Wie können Sie sicher sein, daß Caesar 44 v. Chr. ermordet wurde? Woher wollen Sie wissen, daß Mörike wirklich ein gutes Gedicht geschrieben hat, das sich zu memorieren lohnt? Haben Sie das mit der Relativitätstheorie genau verstanden und haben Sie Gewißheit von dem, was Sie da verstanden zu haben meinen? Etc. pp. Was bleibt von Ihrer Bildung übrig? Das, wozu Sie sich trotz aller Zweifel entschließen. Die Fähigkeit zum Zweifeln beispielsweise.

II. Soziale Hierarchien

Mag politische Korrektheit noch so sehr die Gleichheit aller Menschen anmahnen, ist die Realität sozialer Hierarchien gleichwohl nicht zu leugnen. Wie geht ein Skeptiker damit um?

Dafür, daß Philosophen sich mitunter die Freiheit herausnehmen, soziale Hierarchien zu mißachten, gibt es manche Beispiele, auf die zu berufen insbesondere jenen Philosophen Freude macht, die für sich selbst auf sozialer Distinktion beharren. Also etwa Philosophieprofessoren, die professoral tituliert zu werden wünschen und sich zugleich in Bewunderung für Diogenes von Sinope verzehren, der auf die Selbstvorstellung Alexanders des Großen: «Ich bin Alexander, der große König», erwidert haben soll: «Und ich bin Diogenes, der Hund.» (Diogenes Laertius VI 60, S. 324) Die Anekdote, Alexander habe Diogenes die Erfüllung jedes Wunsches gewährt, worauf der ihn nur gebeten habe, ihm aus der Sonne zu gehen (VI 38, S. 313), gilt distinktionsbewußten Zeitgenossen als Ideal, wie sie ihren Dienstvorgesetzten gegenübertreten möchten. Allerdings vergessen sie dabei gern, daß ihre Vorgesetzten kaum darauf aus sind, ihnen Wünsche zu erfüllen – und daß die Kunst des Diogenes gerade darin bestand, niemanden als ihm vorgesetzt zu begreifen, nicht einmal den Beherrscher der Welt. Das Ideal geriete vollends in Wanken, würden die distinktionsbewußten Zeitgenossen von ihrer eigenen Klientel dazu aufgefordert, den Blick auf die Sonne freizugeben.

Die Mißachtung sozialer Hierarchien gehört für Philosophietreibende seit alters durchaus zum Handwerk – insofern dieses Handwerk Elemente des Hofnarrentums in sich schließt. Sokrates – als dessen verwilderter Nachfolger Diogenes von Sinope seine Flegeleien zum Besten gibt – hat, will man den Dialogen Platons trauen, das Fragen bis zur Impertinenz getrieben, eine Impertinenz, die nicht davor zurückschreckte, die geheimsten Gründe für das Tun seiner Mitmenschen auszugraben und festzustellen, daß diese Gründe dem Licht seiner Vernunft – die Sokrates für die allgemeine Vernunft ausgab – nicht standhielten. Dieses Fragen sollte fortan das philosophische Fragen heißen, weil es sich nicht mit Antworten begnügt, die durch Stand, Autorität oder Tradition abgesichert sind, ein Fragen, das hinter dem Individuellen und Persönlichen ein Allgemeines ausfindig machen will, das sich nicht durch Individuelles und Persönliches rechtfertigen läßt. Dieses Fragen schien es immerhin wert zu sein, daß Sokrates dafür den Schierlingsbecher trank.

Das Martyrium zu erleiden, um unter Mißachtung sozialer Hierarchien Gründe zu ergründen, die womöglich die Nichtigkeit des jeweiligen Macht- und Distinktionsanspruchs aufweisen, ist freilich eine Empfehlung, die einem Skeptiker nicht leicht über die Lippen kommt. Er glaubt vielleicht nicht an den Wert jener Wahrheiten, die es ihm aufzudecken gelänge. Hält er sich also eher an die berechnende Klugheit, die ihm Adolph Freiherr von Knigge (1752–1796) nahelegt? «Der Umgang mit Großen und Reichen muß [...] sehr verschieden sein, je nachdem man ihrer bedarf oder nicht, von ihnen abhängig oder frei ist. Im erstern Fall darf man [...] nicht so kühn die Wahrheit sagen, obgleich ein fester, redlicher Mann diese Geschmeidigkeit dennoch nie bis zu niedriger Schmeichelei treiben wird.» (Umgang, S. 240) Mancher wird, von Diogenes inspiriert, zu bedenken geben, es käme eben in einer philosophischen Lebensform alles darauf an, sich von «Großen und Reichen» unabhängig zu machen. Dieses Unterfangen sei in aufgeklärten, demokratischen Gesellschaften doch viel eher zu verwirklichen als zu Zeiten des despotischen Absolutismus!

Wer skeptisch bleibt, wird allerdings Illusionslosigkeit anmahnen: Ein Ausbrechen aus dem Gefüge sozialer Hierarchien bedeutet zugleich ein Ausbrechen aus der menschlichen Gesellschaft überhaupt, obschon es in prinzipiell leistungsorientierten Gesellschaften gewiß leichter fällt, Klassenschranken zu überwinden, als in ständisch zementierten. Mittlerweile hat man sich an die «funktionale Differenzierung» der Gesellschaft so sehr gewöhnt, daß man sich bequem in der Vorstellung einrichtet, «eigentlich» sei es jedem und jeder möglich, jede beliebige Hierarchiestufe zu erklimmen. Diese Neuformierung der Gesellschaft nach Effizienzgesichtspunkten hat zwar die Aura der Unantastbarkeit bestimmter sozialer Stellungen vernichtet. Jeder Inhaber einer solchen Stellung muß sich daran messen lassen, ob er oder sie ihren Anforderungen gewachsen ist. Zugleich aber ist er oder sie durch Ver-

dienst auch unmittelbar gerechtfertigt, diese Stellung innezu-
haben. Bleibt individuelle Leistung aus oder wird sie nicht über-
zeugend vorgegaukelt, verspielt der Hierarchieplatzhirsch seinen
Achtungsvorsprung.

Der Skeptiker scheint nun dazu berufen, Achtungsvorsprünge
zu bestreiten, weil er doch immer eine Frage im Köcher haben
dürfte, die den sozial Höhergestellten in Verlegenheit bringt. Er
wird jedoch skeptisch genug sein, sie erst aus dem Köcher zu nehmen, wenn er gute Gründe für die Annahme hat, daß jemand anders die mit der Stellung verbundenen Aufgaben besser erfüllen
kann. Nur eben: Wann hat der Skeptiker «gute Gründe» – Gründe,
die diejenigen für das Bestehenlassen des Status quo überwiegen?
Denn ihm entgeht im Unterschied zu den Kritikastern aus Leidenschaft nicht, daß die Ordnung der Lebenswelt nach Hierar-
chiestufen beträchtliche Erleichterung und Entlastung mit sich
bringt. Denn wer soll die Arbeit tun, wenn nicht diejenigen, die in
Amt und Würden sind? Und der Umstand, daß diese Arbeit in
einer funktional differenzierten Gesellschaft verrichtet wird, garantiert dem Skeptiker jene Freiräume des Denkens und Sagens,
deren er bedarf. Der Skeptiker lebt wie jeder Philosophietreibende
davon, daß andere zumindest einen Großteil der Arbeit machen,
ohne deren Erledigung er keine Gelegenheit fände, seinen intellektuellen Bedürfnissen nachzugehen. Der Skeptiker führt (wie
Intellektuelle überhaupt) eine parasitische Existenz. Wobei darüber nachzudenken wäre, inwiefern eine Gesellschaft solcher Pa-
rasiten bedarf. Vielleicht ließen sich ja die Erfahrungen einer längst
verblichenen Medizin, die für den Aderlaß der Blutegel bedurfte,
geistespolitisch reaktivieren.

Jedenfalls ist der Skeptiker wohlberaten, keinen Generalverdacht gegen soziale Hierarchien zu kultivieren. Nicht nur, weil
er nie genügend Gründe für einen solchen Generalverdacht beibringen kann, die nicht durch Gegengründe zu neutralisieren wären, sondern auch, weil er sonst Gefahr läuft, alle Verantwortung
aufgehalst zu bekommen. Und skeptische Einreden besagen ja
nicht, daß der Skeptiker es besser machen würde. Er wird daher
die Einreden wohl dosieren und Achtung da zubilligen, wo sie
ihm nicht bis aufs Letzte gerechtfertigt erscheint. Was er sich insgeheim denkt, bleibt ihm unbenommen. Der Skeptiker ist ein Vir-

tuose der *reservatio mentalis*, des intellektuellen Vorbehalts. Eines Vorbehalts, der sich nicht in Umsturzlüsternheit auszumünzen braucht.

Übung: Gehen Sie die Situationen der vergangenen Woche durch, bei denen Sie mit sozialen Hierarchien konfrontiert worden sind. In welcher Situation haben Sie genügend Gründe, den jeweils Höhergestellten aus Stellung und Amt zu wünschen? Würden Sie diesen Wunsch verwirklicht sehen wollen, wenn Sie selbst in seine Stellung aufrücken müßten? Was gäben Sie preis, wenn Sie es müßten? Wie viel – Freiheit zum Beispiel – gewännen Sie hinzu?

12. Freizeit

Einen Zustand intellektueller Beschäftigungslosigkeit kann man sich beim Philosophen, wie er im Schulbuch steht, nur schwer vorstellen. Gerade wenn er scheinbar freie Zeit hat, wird er sie doch in unentwegter Betrachtung höchster Gegenstände zubringen. Wie aber sieht es mit «Freizeitgestaltung» bei jenen Menschen aus, die höchster Gegenstände nicht nach Belieben teilhaftig sind? Bei Skeptikern etwa.

Daß Freizeit heute keineswegs Beschäftigungslosigkeit meint, ist eine Binsenwahrheit. Kaum je ist der durchschnittliche Abendländer so sehr beschäftigt wie in seiner Freizeit. Freizeit als jene dem Individuum frei zur Verfügung stehende Zeit, die weder mit Erwerbs- oder Hausarbeit noch mit den für die Erhaltung und Wiederherstellung der Erwerbs- oder Hausarbeitsfähigkeit notwendigen Tätigkeiten wie Schlafen und Essen ausgefüllt ist. Freilich sagt die Menge der objektiv zur Verfügung stehenden Zeit –1952 sollen dem Bundesbürger täglich im Durchschnitt zwei Stunden und dreiunddreißig Minuten, 1980 schon vier Stunden und sechs Minuten zur freien Verfügung gestanden haben – nichts über die Qualität der Zeitnutzung aus. Je mehr Zeit ich zur freien Verfügung habe, desto eher verlockt mich das Gespenst der Langeweile, allen erdenklichen «Freizeitbeschäftigungen» nachzugehen, bloß um die Zeit möglichst effizient totzuschlagen (vgl. oben Abschnitt 1).

Ein probates Mittel der «Freizeitbeschäftigung» liegt darin, Freizeit in Arbeit mit anderen Mitteln umzuwandeln. Dann widme ich mich dem Verkauf von alten Autoreifen auf Ebay, wahlweise der Hochleistungsleichtathletik. Oder aber ich verbanne arbeitsanaloges Tun gänzlich aus meiner Freizeitwelt, indem ich mich auf den Konsum sogenannter Freizeitgüter verlege. Damit sorge ich immerhin dafür, daß der Freizeitindustrie nic die Arbeit ausgeht.

Ein ganzer Zweig zivilisationsargwöhnischer Philosophie, insbesondere der Frankfurter Schule, hat sich – keineswegs nur aus Gründen gehobenen Freizeitvergnügens – der Kritik am «spätmodernen» Freizeitverhalten verschrieben. In urtümlicher Schroffheit begegnet einem diese Kritik im Abschnitt «Kulturindustrie» mit dem Untertitel «Aufklärung als Massenbetrug» in Max Horkheimers (1895–1973) und Theodor W. Adornos *Dialektik der Aufklärung*. Der «Freizeitler» – der Gegenwartsmensch als Freizeitwesen – erscheint da als willenloses Objekt der «Einheit der Produktion» (S. 145), dem eine auf Uniformierung bedachte «Industrie» die Synthetisierung des Mannigfaltigen gerne abnimmt, um ihm ihre Schematisierungen aufzunötigen «als ersten Dienst am Kunden». Die Vereinheitlichung aller Dinge unter dem Deckmantel der Verschiedenheit und Wahlfreiheit korrespondiert nach Horkheimer und Adorno mit der Konditionierung des Menschen zu einer reibungslos funktionierenden Maschine. Freizeit – während der alle Menschen unwillkürlich dasselbe tun und eine eigenständige Synthetisierung des Mannigfaltigen unterlassen – bedeutet dann nichts anderes als Rekrutierung zum entmündigenden Konsum mit dem zwanglosen Zwang der Alternativlosigkeit.

Gemildert und ohne das Flair apokalyptischer Prophetie kommt die Freizeitkulturkritik in der jüngeren Generation der Frankfurter Schule daher. Jürgen Habermas sieht den Freizeitbereich «tendentiell den Raum jener literarischen Öffentlichkeit» einnehmen, «auf die einst eine in der Intimsphäre der bürgerlichen Familie ausgebildete Subjektivität bezogen war» (Strukturwandel, S. 193). Der Raum, in dem sich der Mensch seit der Aufklärung als politisches Wesen dadurch erst erschuf, daß er die Gelegenheit hatte, sich durch Lektüren und Lektüren-Diskussion ein politisches Selbstverständnis zu bilden, verschwinde mit der Überwucherung durch Konsuminteressen. «Das sogenannte Freizeitverhalten ist apolitisch schon deshalb, weil es, in den Kreislauf von Produktion und Konsum einbezogen, eine vom unmittelbar Lebensnotwendigen emanzipierte Welt nicht zu konstituieren vermag.» (S. 194) Freizeit eröffnet nach dieser Lesart also keine Freiräume, die das Individuum hauptsächlich zur politischen Gestaltung seines sozialen Umfeldes nutzt, denn es bleibt eingepfercht in die Funktionsmechanismen einer auf Produktion und Produktkonsum ausgerichteten Gesellschaft. Was an «Diskussion» über die grundlegenden Bedingungen des menschlichen Zusammenlebens sich noch erhält, «nimmt selbst die Gestalt eines Konsumguts an» (S. 198). Diskussion oder «Diskurs», wie Habermas später sagen wird, als Ornament einer auf Ruhigstellung kritischer Regungen abzielenden Massenzivilisation.

Wer sich über vierzig Jahre nach der Erstpublikation von *Strukturwandel der Öffentlichkeit* den landläufigen Gebrauch von freier Zeit vergegenwärtigt, wird keine grundsätzlich anderen Gebrauchsmuster finden. Immerhin läßt sich unter dem Stichwort der «Erlebnisgesellschaft» eine «Ästhetisierung des Alltagslebens» (Schulze, Erlebnisgesellschaft, S. 33) feststellen, die eine große Pluralisierung der «Erlebnismilieus» und damit eine enorme Diversifikation der Lebensstile anzeigt. Die Fülle dessen, was freizeitlebenstechnisch möglich geworden ist, setzt jedoch nicht die Vermutung aus der Frankfurter Ecke außer Kraft, daß es im durchschnittlichen Freizeitverhalten weder zur Reaktivierung einer politischen Diskussionskultur mit namhaften Auswirkungen auf das realpolitische Geschehen noch zu einer intellektuellen Distanzierung vom produktions- und konsumweltlich Gegebenen komme. Nicht einmal in Zeiten der ökonomischen Krise, in denen der Ruf nach Arbeitszeitverlängerung und Freizeitverkürzung allenthalben laut wird, scheint sich mehr als ein Schatten politischen Bewußtseins im Rahmen einer Freizeit-Öffentlichkeit zu regen. Solche Befunde aus der Krise stützen die Vermutung, Freizeit sei ein vorzügliches Mittel zur Domestizierung des Menschen.

Die philosophische Freizeitkulturkritik geht anscheinend von den beiden klassischen Glücksmustern aus, wie sie Aristoteles vorstellt: Da gibt es das Glück, das sich in der politischen Praxis manifestiert, und das Glück, das aus der philosophisch-wissenschaftlichen Theorie geschöpft wird. Als nicht hinreichend wird demgegenüber ein Glück erachtet, das bloß auf Lust, auf physischen Genuß abstellt (Nikomachische Ethik I 3, 1095b15 ff.). Ähnlich werden heutzutage unter Zurückweisung bloßer Lustmaximierung die freizeitkulturkritischen Anforderungen an ein angemessenes Freizeitverhalten formuliert: Entweder Politik, das heißt Diskussionsöffentlichkeit im Hinblick auf das gesamtgesellschaftliche Beste, oder radikale, kontemplative Distanzierung von der Konsum- und Produktionswelt gelten da als die einzigen letzt-begründbaren Freizeitverhaltensweisen – wobei nicht die klassische Philosophie, sondern die historische Aufklärung und die Moderne als unvollendetes Projekt den ausdrücklichen Legitimationszusammenhang bilden. Der Unterschied zwischen Aristoteles und den heutigen Freizeitkulturkritikern liegt darin, daß Aristoteles – vor dem Hintergrund einer auf Sklaverei beruhenden Gesellschaftsorganisation – politische Praxis und philosophische Theorie als das ganze Leben umgreifende *Lebensformen*, nicht als Beschäftigung nach getaner Erwerbsarbeit verstanden hat. Mit dem harten Faktum der Erwerbsarbeit konfrontiert, sind die Freizeitkulturkritiker mitunter gezwungen, die Freizeit als jenen Ort festzulegen, an dem der Mensch erst zu seiner Bestimmung finden kann.

Dem Skeptiker wird dabei die heillose Überforderung auffallen, mit der sowohl die Freizeitkulturkritiker wie die Freizeitenthusiasten die Freizeit belasten. Beide Gruppen meinen, in der Freizeit müsse sich – *faute de mieux* – menschliches Leben als glückhaftes Leben realisieren. Karl Marx (1818–1883) hatte immerhin an der Ansicht festgehalten, die Sphäre der Erwerbsarbeit sei in eine Sphäre der Freiheit zu verwandeln, in der die Gängelung durch äußere Zwecke entfalle, womit sich das ganze Leben zu einem Freiheits- und Freizeitraum hin öffne (Kapital, Bd. 3, S. 828). Heutzutage bescheidet man sich mit dem mehr oder weniger großen Freizeitvorgärtchen und legt darauf das ganze Gewicht gelingenden Selbst- und Weltverhaltens. Dann muß Freizeit alles leisten und in der Freizeit alles geleistet werden, was Menschsein ausmacht.

Man dürfte sowohl auf freizeitkulturkritischer wie freizeitenthusiastischer Seite gut beraten sein, das Freizeitverhalten seiner Eigendynamik zu überlassen. Wer das nicht tut, macht sich der Wiederholung jener Freiheitsbeschneidungen schuldig, die er oder sie beispielsweise beim Konsumbetrieb ohnehin im Spiel sieht. Womöglich sind diese Freiheitsbeschneidungen eine Last, die sich zumindest die Freizeitkulturkritiker gerne aufhalsen, wenn diese Beschneidungen zum besseren Freiheitsgebrauch beitragen. Aber es könnte auf der anderen Seite auch ein praktischer Irrtum sein, zur Freiheit zwingen zu wollen. Jeder hat – gerade in seiner Freizeit – vielleicht ein Recht auf Unfreiheit. Bei aller Gängelung des Freizeitverhaltens ist es immerhin möglich, daß da und dort die alte philosophische Muße aufblitzt, die in ihrem unablässigen Zur-Disposition-Stellen die scheinbar festgegründeten Mächte und Gewalten erschüttert. Das mag genügen, um alles sonstige Freizeitverhalten zu rechtfertigen.

Übung: Inwiefern gehen Sie auf Distanz zum Konsum- und Produktionsprozeß oder partizipieren am politisch-sozialen Leben, wenn Sie Ihre Freizeit zum Minigolfen, zum Sittiche-Züchten, zum DVD-Brennen nutzen? Was könnte Sie dazu motivieren, von Ihrer Freizeit einen Gebrauch zu machen, der diesen klassischen Glücksmustern der politischen Praxis und der philosophischen Theorie entspricht? Wäre Ihnen solches Glück genug, um dafür Ihre Konsumfreiheit zu opfern? Wäre es nicht angeraten, auf jede Freizeitbeschäftigung zu verzichten, bis Sie genügend stichhaltige Gründe haben, sie aufzunehmen oder fortzusetzen? Oder aber mit dem Bisherigen fortzufahren, bis die Gründe dagegen schwerwiegend genug sind?

13. Erlebnis

In die landläufige Freizeitkulturkritik will der Skeptiker offenbar nicht einstimmen. Aber kann er sich damit anfreunden, daß Erlebnisorientierung der Prinzipienorientierung gewichen ist?

«Alles Jagen nach dem ‹Erlebnis› stammt aus dieser Schwäche. Denn Schwäche ist es: dem Schicksal der Zeit nicht in sein ernstes Antlitz blicken zu können.» (Weber, Wissenschaftslehre, S. 605) Der allgegenwärtige Erlebnishunger, der unserer Gesellschaft nach Meinung einiger Soziologen zurecht ihren Namen gibt, wäre also, wenn man Max Weber (1864–1920) Glauben schenken will, nichts anderes als feige Flucht vor den ernsten Forderungen der Zeit. Die Lebensphilosophie, gegen die Weber in seinem Vortrag *Wissenschaft als Beruf* polemisiert, hatte im subjektiven Erleben den letzten Halt in einer Welt ohne objektive Werte gesehen. Für Weber hingegen war ausgemacht, daß dem Erlebnis an sich keine Verbindlichkeit zukomme. Wer sein Leben in den Dienst der Erlebnisjagd stellt, schwöre allen Pflichten ab, die das Dasein in dieser Welt einem auferlegt. Zugleich geht Weber von einem Wertepluralismus aus, dem sich das Individuum stellen müsse, indem es sich für *seine* Werte entscheidet. Er verschweigt indessen, weshalb es nicht legitim sein kann, sich für ein rein erlebnisorientiertes Dasein zu entscheiden. Was beweist, daß das Antlitz der Zeit wirklich so ernst ist, wie Weber sagt – und daß, falls es so ernst ist, darauf nicht auch mit Ironie, mit erlebnishungriger Abspannung reagiert werden darf?

Webers Kritik scheint von den alten philosophischen Vorbehalten gegenüber dem Ästhetizismus inspiriert zu sein, von Vorbehalten gegenüber einer Lebensform, die die subjektive sinnliche Erfahrung zum Ausgangspunkt der Weltbewältigung macht und zugleich im Genuß dieser Erfahrung – als dem «Schönen» – den Zweck des Daseins realisiert glaubt (vgl. unten Abschnitt 24). Der Kritiker hält dabei das Nichts-Tun, das Nicht-Handeln für verantwortungslos: Was könnte ich nicht alles bewirken in der Zeit, die ich tatenlos mit meinen Erlebnissen zubringe! Nahtlos fortgesetzt wird Webers Ansatz bei Arnold Gehlen (1904–1976), der behauptet, daß aus Erlebnissen nichts folge und das Ästhetische das Folgenlose sei (vgl. Urmensch, S. 114). Folgenlosigkeit ist offenbar eine Art moralisches Übel, gegen das man sich wappnet, indem man irgendetwas tut, was Folgen zeitigt. Gleichgültig was?

Ein Skeptiker wird sich kaum auf einen Kreuzzug gegen das vorgebliche Übel der Folgenlosigkeit einlassen. Vielleicht wird er sich der Umformulierung von Karl Marx' elfter Feuerbachthese bedienen, die Odo Marquard (geboren 1928) vorgeschlagen hat: «Die Philosophen haben die Welt nur verschieden verändert; es kommt darauf an, sie zu verschonen.» (Schwierigkeiten, S. 13) Angesichts des gegenwärtigen Weltzustands ist Folgenlosigkeit des Handelns womöglich eine gebotene Handlungsmaxime. Wäre demnach eine «Negative Ethik» als eine Ethik des Handlungsverzichts, wie sie Henning Ottmann (geboren 1944) skizziert hat, angeraten? Deren Grundfrage lautet: «Was sollen wir besser lassen?» (Negative Ethik, S. 17).

Aber der Skeptiker wird die Ernüchterung noch weiter treiben. Ist er versuchsweise radikal pyrrhoneisch, wird er sich vergegenwärtigen, daß er über gar nichts anderes verfügt als über seine Erlebnisse, das heißt, über das, was ihm erscheint (vgl. Sextus I 19, S. 98). Ja, er wird im strengen Sinn nicht einmal wissen, inwiefern es *seine* Erlebnisse sind, die er erlebt, denn er verfügt über keinen festgefügten Begriff seiner selbst (vgl. unten Abschnitt 33). Sein Selbst ist nicht direkt erfahrbar; es ist kein Erlebnis. Erlebnis und Erscheinung fallen in eins, wenn das Erlebnis im Unterschied zur bloßen Erscheinung nicht mehr in einem festbestimmten Subjekt verankert werden kann, das das Erlebnis hat. Das führt zu einer Abspannung des hochgehängten Erlebnisbegriffs: Erlebnis ist alles, was mir widerfährt, jedes mir erscheinende Widerfahrnis.

Unangemessen wäre es unter diesen Voraussetzungen, Erlebnisse auf sinnliche Wahrnehmungen oder gar auf Erfahrungen des Schönen zu beschränken. Jeder Gedanke ist ein Erlebnis. Auch die Gedanken sind dem Pyrrhoneer Erscheinungen – auch sie kann er nicht zum Verschwinden bringen. Das philosophische und kulturkritische Problem mit dem Erlebnis ist vielleicht nur ein Scheinproblem. In mehrfachem Sinn des Wortes, und nicht nur für den Pyrrhoneer.

Übung: Verordnen Sie sich einen Tag lang Erlebnisabstinenz! Notieren Sie abends, was Sie trotzdem noch erlebt haben! Welche Erlebnisse sind Ihre Erlebnisse? Wie wird ein Erlebnis zu Ihrem Erlebnis? Können Sie aufgrund Ihrer Tageserfahrung bestimmen, wie Sie sich das Erlebnis eines anderen Menschen aneignen können? Wie erleben Sie sich selbst?

14. Wissenschaft

Wenn der universelle Zweifel wahr ist, dann ist Wissenschaft unmöglich. Aber ist der Zweifel stark genug, um der Wissenschaft zu trotzen?

Wissenschaft als jene menschliche Betätigung, die sich dem systematischen Finden und Sicherstellen von Wissen auf (beinahe) jedem möglichen Gebiet widmet und zu diesem Zweck Begründungszusammenhänge zwischen einzelnen Wissensbeständen herstellt, unterhält eine gespannte Beziehung zum Zweifel. In dessen Natur liegt es ja, Wissensansprüche zu untergraben. Daher hat sich die neuzeitliche Wissenschaft von ihren Anfängen an um eine Einhegung des Zweifels bemüht. Als methodischer Zweifel wird er gegen all jenes vermeintliche Wissen ins Feld geführt, dessen Falschheit man beweisen will. Richtungweisend für diesen wissenschaftlichen Umgang mit dem Zweifel ist das Werk von René Descartes: Er gibt zu Beginn seines Denkweges alles Gewußte preis und findet einzig und allein das *cogito* («ich denke») vom Zweifel unberührt, nämlich das *cogito* als das Faktum, daß etwas Denkendes, ein denkendes Ich da sein muß, damit überhaupt Zweifel möglich sind. Vom scheinbar unerschütterlichen Grund der Einsicht «ich denke, also bin ich» aus soll dann schrittweise eine gesicherte Erkenntnis der Welt etabliert werden. Aber zwei Überlegungen erschweren diesen Gang von der Selbstgewißheit zur Welterkenntnis: Erstens das sogenannte Traumargument: Wie kann ich wissen, daß ich all das, was ich für Realität halte, nicht bloß träume? (Meditationen I, S. 38 f.) Zweitens das sogenannte *genius-malignus*-Argument: Könnte es nicht sein, daß mir ein böser Dämon (*genius malignus*) all das, was ich für wahr und gesichert halte, nämlich die Existenz einer Außenwelt, bloß vorgaukelt? (S. 42) Schließlich gelangt Descartes' denkendes Ich zur Außenweltgewißheit nur über den Umweg eines Gottesbeweises, der die Möglichkeit eines mich täuschenden Dämons und einer bloß geträumten Welt entkräften soll.

Man sieht: Diese Einhegung des Zweifels in wissenschaftsbegründender Absicht ist mit einigen Folgekosten verbunden. Moderne Naturwissenschaft beispielsweise wird kaum mehr gewillt sein, die Zweifelsresistenz ihres Wissen mit einem Gottesbeweis zu sichern. Denn der scheint skeptischen Nachfragen noch viel weniger gewachsen zu sein als die empirischen Erkenntnisse, auf die sich die Naturwissenschaftler zu berufen pflegen. Aber woher nehme ich die Gewißheit, daß diese sogenannten empirischen Erkenntnisse mehr sind als methodisch zurechtgemachte Reflexe von Erscheinungen – an denen nicht einmal der Pyrrhoneer zweifelt (vgl. oben Abschnitt 13) –, ohne mir doch eine dahinterstehende Wirklichkeit zu erschließen? Nach üblichen Begriffen bedeutet Wissen, eine wahre Meinung zu haben – und zwar nicht nur zufällig – sowie diese Meinung auch begründen zu können. Wie aber will ich wissen, ob ich eine begründete, wahre und nicht zufällig wahre Meinung von irgendetwas «Empirischem» habe, wenn mir immer nur Erscheinungen gegeben sind? Eine Wissenschaft, die diesen sehr speziellen Zweifel integriert, könnte sich auf einen transzendentalphilosophischen Standpunkt zurückziehen und den Anspruch aufgeben, irgendetwas über die wahre Welt, das «Ding an sich» hinter den Erscheinungen aussagen zu wollen. Stattdessen bescheidet sich eine transzendentalphilosophisch gewiefte Wissenschaft mit Aufschlüssen darüber, wie die sogenannte Wirklichkeit den Menschen erscheint – und so auch damit, wie menschliche Wirklichkeitskonstruktion beschaffen ist.

Ein prinzipieller Skeptiker wird nun nicht einen einzelnen Bereich herausgreifen – etwa das wissenschaftliche Ansinnen, hinter die Erscheinungen zu den Dingen an sich vorzudringen –, sondern mutmaßen, daß die Bedingungen für die Erfüllung der – von ihm geteilten! – Wissensdefinition grundsätzlich nicht erfüllt werden können. Für diesen prinzipiellen Skeptiker ist daher Wissen unmöglich. Um dies plausibel zu machen, wird er zum einen aufzuweisen suchen, daß ich nie über *meine* eigenen Meinungen hinausgelange. Ich könne meine Meinungen weder durch einen Vergleich mit den Meinungen anderer noch durch das Ausgreifen auf einen externen Standpunkt jenseits meiner Meinungen, meiner Perspektiven mit der Wirklichkeit abgleichen. Ein Standpunkt jenseits meiner Meinungen, meiner Perspektiven sei offenkundig nicht menschenmöglich. Zum anderen wird der prinzipielle Skeptiker sogenannte skeptische Hypothesen bilden (vgl. unten Abschnitt 27), die für die Gesamtheit meiner Erfahrungen eine andere, scheinbar abwegige Erklärung beibringen, ohne daß sich an der Gesamtheit meiner Erfahrungen etwas ändern müßte. Da ich keinen externen Standpunkt jenseits meiner Meinungen und Perspektiven einnehmen kann, werde ich nie herausfinden, ob meine Erfahrungen nicht ganz andere Ursachen (zum Beispiel einen Traum oder einen bösen Dämon) haben, als ich das normalerweise annehme.

Wissenschaftliche Erkenntnistheorie, insofern sie ein Interesse daran hat, das Wissen der Wissenschaften aus dem Wissensvernichtungsapparat des prinzipiellen Skeptikers zu retten, schlägt verschiedene Strategien vor, die Angriffsflächen für den Zweifel zu minimieren. Skeptische Hypothesen werden etwa mit dem Argument zurückgewiesen, sie seien zu abwegig, um plausibel zu sein und könnten deswegen getrost vergessen werden. Aber der prinzipielle Skeptiker behauptet nicht, seine Hypothesen seien plausibel, sondern nur, sie seien möglich, weil nicht auszuschließen. Also wird sich wissenschaftliche Erkenntnistheorie darauf verlegen, die Inkohärenz der skeptischen Hypothesen nachzuweisen. Selbst wenn dies gelänge, wäre aber nur gezeigt, daß der prinzipielle Skeptiker seine Einreden nicht widerspruchsfrei formulieren kann. Ein Pyrrhoneer würde bezweifeln, daß er dies können muß, um Wissensansprüche zu verunsichern.

Der normalen wissenschaftlichen Praxis liegen derlei Überlegungen fern. Als Fortschritt des skeptischen Bewußtseins könnte man es bereits verbuchen, wenn die Naturwissenschaften in ihrem selbstreflexiven Prozeß mit Karl R. Popper (1902–1994) zu der Einsicht gelangen, daß «Theorien […] niemals empirisch verifizierbar» (Logik, S. 14) sind, und also «als Abgrenzungskriterium nicht die Verifizierbarkeit, sondern die *Falsifizierbarkeit* des Systems» (S. 15) vorschlagen. Das bedeutet, daß der Wissenschaftler Kriterien dafür angibt, unter welchen Bedingungen das von ihm gewonnene Wissen falsch wäre, was also eintreten muß, damit eine Erkenntnis als widerlegt gilt. Skeptische Hypothesen sind nun derart global, daß es für sie keine Falsifikationsbedingungen gibt; kein Ereignis meiner Erfahrung vermag sie zu falsifizieren. Daher handelt es sich bei skeptischen Hypothesen nicht um wissenschaftliche Aussagen, was der prinzipielle Skeptiker auch nicht behaupten würde. Eine mit dem Mittel der Falsifikation arbeitende Wissenschaft bescheidet sich – im Gefolge des akademischen Probabilismus des Karneades – mit der Vorläufigkeit ihres Wissens. Immer könnten Fälle auftreten, die alle bisherigen Wissensannahmen widerlegen. Daß das Entgegenkommen dieser Form von Wissenschaft der Skepsis gegenüber enge Grenzen hat, läßt sich schon daran sehen, daß das Prinzip der Falsifikation selbst nicht falsifizierbar und damit als wissenschaftliche Aussage ebenso zweifelhaft ist wie die skeptischen Hypothesen. Falsifikation als methodische Einhegung des Zweifels wird die skeptischen Bedürfnisse schwerlich restlos befriedigen.

Mittlerweile hat sich selbst unter Bildungspolitikern herumgesprochen, daß es bis auf weiteres kein einheitliches Methodenset und keinen einheitlichen Fragenhorizont für sämtliche Einzelwissenschaften gibt, und damit die Idee einer Einheitswissenschaft der fromme Wunsch einiger Positivisten bleibt, die glauben, alle Dinge müßten sich so verhalten wie ihr Physik-, Biologie- oder Ökonomielehrbuch das vorschreibt. Diesen Gefallen machen einem die Dinge nicht. Die Unmöglichkeit, die einzelnen Wissenschaften zu vereinheitlichen und sie auf dieselben Methoden und Prinzipien einzuschwören, bietet dem Skeptiker mannigfaltige Angriffsflächen: Das Nicht-Fertige, die Nicht-Abschließbarkeit von Wissenschaft als Prozeß läßt Raum für jedweden Zweifel.

Um den einzelnen Wissenschaften ihr eigenes Recht zu lassen, sie aber dennoch unter einem wissenschaftsphilosophischen Dach zu vereinigen, hat Jürgen Mittelstraß (geboren 1936) zwischen Verfügungswissen und Orientierungswissen unterschieden, wobei die Geisteswissenschaften tendenziell, wenn auch nicht ausschließlich, für die Beschaffung von Orientierungswissen zuständig wären, während die Naturwissenschaften tendenziell Verfügungswissen produzieren. «Verfügungswissen ist ein *positives* Wissen, d. h. ein Wissen um Ursachen, Wirkungen und Mittel. [...] Zum positiven

Wissen muss ein *handlungsleitendes* Wissen, eben ein Orientierungswissen, hinzutreten, wenn nicht allein Fragen, was wir tun *können*, sondern auch Fragen, was wir tun *sollen*, beantwortet werden sollen.» (Flug, S. 33) Der Zweifel wird sogleich bei der Frage einhaken, die sich Mittelstraß selber stellt (S. 34), ob nämlich Geisteswissenschaften – in denen es traditionell um das Verstehen des historisch Individuellen und nicht um Erklärung durch allgemeine Gesetzmäßigkeit geht – mit der Verantwortung für Orientierungswissen nicht heillos überfordert sind. Inwiefern versorgt eine Literaturwissenschaftlerin, die sich mit den verschiedenen Überlieferungen der *Edda* beschäftigt, oder ein Historiker, der den Ostrakismos im alten Athen untersucht, die Gesellschaft mit Orientierungswissen? Müßte man diese wissenschaftlichen Betätigungen unterbinden, weil daraus kein Orientierungsnutzen für die Gesellschaft resultiert – oder die theoretische Physik, falls sie der Gesellschaft keine Erweiterung ihrer Verfügungsgewalt über «die Natur» verschafft? Und – gravierender – inwiefern kann Wissenschaft überhaupt die Aufgabe zukommen, über das Sollen und damit über Werte zu befinden? Wie kann Wissenschaft den Graben zwischen Sein und Sollen überwinden und den Menschen kundtun, was sie tun sollen, nicht bloß, was sie tun können? Sind für derlei präskriptive Aufgaben nicht vielmehr Disziplinen wie Philosophie und Theologie zuständig, gerade weil diese nur teilweise, in bestimmten Hinsichten, Wissenschaften sind? Schließlich: Inwiefern kann es von Orientierung überhaupt ein Wissen geben?

In wissenschaftspragmatischer Hinsicht wirkt der Zweifel stets ernüchternd. Wissen ist immer nur Wissen, solange es nicht widerlegt oder vom Zweifel zerfressen wird. Und sollten Bildungspolitiker ihre Frage nach dem Nutzen, der sie jede aus Steuergeldern finanzierte wissenschaftliche Betätigung zu unterwerfen pflegen, an den Zweifel adressieren, wird ihnen der Skeptiker antworten, der Nutzen des Zweifels liege in seinem Verstörungspotential. Der Zweifel zwingt dazu, alles noch einmal zu überdenken. Das kann im Bereich der Wissenschaften nichts schaden. Und wie sollte die Universalisierung des Nutzendenkens dem Zweifel standhalten?

Übung: Welchen sogenannten wissenschaftlichen Wahrheiten schenken Sie Vertrauen? Erstellen Sie eine Liste mit den drei für Sie wichtigsten wissenschaftlichen Wahrheiten, zum Beispiel das Gravitationsgesetz, der Energieerhaltungssatz, die Abstammungslehre. Fragen Sie sich, welche Situation eintreten müßte, damit Sie den Glauben an diese Wahrheiten verlieren. Gibt es einen Zweifel, der Sie an wissenschaftlichen Erkenntniswegen überhaupt irrezumachen vermöchte? Rührt dieser Zweifel von den Voraussetzungen oder von den Folgen der Wissenschaften her?

15. Politik

Menschen pflegen in Gemeinschaft mit anderen Menschen zu leben. Wie begegnet ein Skeptiker dieser offenbar zwangsläufigen Gemeinschaftsgebundenheit seines Daseins? Wie sieht skeptische Politik aus?

Es fällt gar nicht leicht, dem faktischen Eingebundensein in menschliche Gemeinschaft skeptisch zu begegnen (vgl. oben Abschnitt 8). Denn einerseits kann sich der Skeptiker dieser Einbindung nicht entziehen, solange er nicht in die Wüste geht und sich von sämtlichen Bindungen abnabelt. Andererseits hat er – für den Fall, daß er seine Skepsis bis zur Neutralisierung sämtlicher Ansichten treibt – nie genügend Argumente, die ihm die Änderung der realen Bedingungen des konkreten menschlichen Zusammenlebens oder die Änderung seiner eigenen Stellung in diesem Zusammenleben nahelegen. Deshalb hat der antike Pyrrhonismus kein politisches Denken ausgebildet: In Ermangelung von Beweggründen, die den Skeptiker zu dieser oder jener politischen Stellungnahme treiben könnten, zieht er sich entweder ganz ins Private zurück oder bewegt sich strikt in den Bahnen seiner durch die jeweils überkommen, zufälligen Konventionen festgelegten Rolle (vgl. oben Abschnitt 4). Pyrrhon von Elis, wird, obwohl er Oberpriester in seiner Heimatstadt gewesen sein soll, die gänzliche «Zurückhaltung von öffentlicher Tätigkeit» nachgerühmt (Diogenes Laertius IX 64, S. 193). Pyrrhoneische Politik besteht im Politikverzicht.

Das Schweigen des klassischen Pyrrhonismus auf die Frage nach dem richtigen menschlichen Zusammenleben hat Gründe auch in den Umständen seiner Entstehung: Das hellenistische Weltreich war einer selbständigen Gestaltung des politischen Raumes durch mitbestimmungsberechtigte Bürger nicht förderlich. Daraus folgt wiederum nicht, daß dieses Schweigen die einzige skeptische Antwort auf die Frage nach dem Politischen sein muß. Manche politischen Theoretiker der Gegenwart scheinen zu mutmaßen, Politik sei etwas, was sich vornehmlich in der Freizeit realisieren solle (vgl. oben Abschnitt 12), nämlich insofern es erst nach Erledigung der Erwerbsarbeit überhaupt Zeit für das Sich-Austauschen über Belange der menschlichen Gemeinschaft gebe. Man stellt ihn sich leibhaftig vor, den politischen Freizeitbürger, wie er am Stammtisch und vor dem Fernseher die Weltprobleme wälzt und stets bessere Lösungen bereithält als «die da oben», nur um am nächsten Morgen seinen Geschäften weiter nachzugehen – unbekümmert um diese seine Lösungen und unbekümmert um die Interessen der anderen. Dem Freizeitpolitisieren steht die Vorstellung gegenüber, daß es in der Politik, die sich keinesfalls auf die Zeit nach Feierabend vertagen lasse, ums unabweisbar Nötige und Notwendige zu tun sei, um etwas, was alle Menschen unbedingt angehe, sofern sie in Gemeinschaft mit anderen Menschen leben – in einer Gemeinschaft, die nach menschlichem Ermessen nie so vollkommen ist, daß sie nicht unablässiger Veränderung, Revision und Kontrolle bedarf. Politik wäre dann unter dem Leidensdruck, (noch) nicht die ideale Gemeinschaft verwirklicht zu haben, eine permanente Aufgabe, der sich niemand auch nur einen Augenblick lang entziehen dürfte. Sie wäre Notdurft – nichts für Mußestunden, sondern resultierte aus der Verantwortung aller für alles. Alles Tun muß sich dann politisch legitimieren; es gäbe keinen politikfreien Raum.

Die beiden gegensätzlichen Positionen gehen von unterschiedlichen Voraussetzungen aus: Für die erste ist Politik nur ein kleiner Teilbereich dessen, worin sich menschliches Dasein ausgestalte. Daneben gebe es politikfreie oder politikferne Bereiche (beispielsweise Wirtschaft, Kunst, Wissenschaft, Religion, Selbstverwirklichung), die ihren eigenen Gesetzen gehorchten und die vor dem Zugriff der politischen Interessen geschützt werden müßten. Politik sei nur dazu da, allgemeine Rahmenbedingungen für das menschliche Zusammenleben zu garantieren, in denen sich die anderen Bereiche menschlichen Seins eigengesetzlich entwickeln. Daher sei die Beschäftigung mit Politik für die meisten Menschen eine auch unterlaßbare Freizeitaktivität; man könne sie getrost Spezialisten überlassen. Die andere Position beharrt hingegen auf einem Primat der Politik, die sich nicht darin erschöpfe, stabile Rahmenbedingungen für das reibungslose Funktionieren anderer Bereiche zu schaffen. Für die Vertreter dieser Position stehen diese Bereiche selbst im Dienst der Politik, insofern sie als Versuche verstanden werden müßten, den Leidensdruck, in einer unvollkommenen Gemeinschaft mit anderen Menschen zu leben, zu beheben.

Dem Skeptiker ist die ernste Lehre vom absoluten Primat der Politik vermutlich nicht geheuer. Die Vorstellung, daß man unbedingt zu wissen habe, worauf es im menschlichen Leben ankomme – nämlich darauf, die Bedingungen nicht des eigenen, individuellen, sondern des menschlichen Lebens überhaupt zu verbessern –, ist ihm eine Vorstellung, die sich nicht mit seinem Nichtwissen darüber vereinbaren läßt, was denn unbedingt – unabhängig von den situativen Gegebenheiten – nottue. Warum sollte man seine Bestimmung nicht ebensogut in der Akkumulation irdischer Güter (Wirtschaft), in der kreativen Gestaltung seiner Lebenswelt (Kunst), in der Suche nach dem, was wirklich Sache ist (Wissenschaft), im Streben nach Anerkennung durch ein höheres Wesen (Religion) oder im Ausleben der eigenen Triebe und Wünsche (Selbstverwirklichung) finden können? Auch wer der These zustimmt, daß all dies nur möglich ist, wenn die politischen Bedingungen dafür geschaffen sind, muß daraus doch nicht den Schluß ziehen, daher habe alles im Dienst der Politik zu stehen. Liegt da nicht eher die entgegengesetzte Schlußfolgerung nahe, die Politik habe dem dienstbar zu sein, was jede und jeder aus seinem Leben zu machen beliebt? Skepsis als Entmachtung letzten politischen Ernstes – durch den Aufweis der Alternativen zum Politischen.

Mag sein, daß es nur von einem Vorurteil herrührt, wenn der Skeptiker sich auch nicht gänzlich mit der anderen skizzierten Position anzufreunden vermag, der zufolge Politik bestenfalls periphere Freizeitbeschäftigung der Massen, sonst aber die Aufgabe dazu bestellter Funktionäre ist. Mag sein, daß der Skeptiker hier bloß den Prinzipienreiter der Entscheidungsverweigerung spielt. Es liegt ihm zwar fern, irgend jemanden zum politischen Engagement nötigen zu wollen. Aber Politik als reine Freizeitbeschäftigung und Funktionärsbetätigung könnte zu einer Trägheit verführen, die verkennt, daß Politik es mit den Bedingungen der Möglichkeit dessen zu tun haben *könnte*, was ich zu meinem eigenen Lebensinhalt mache. Es wäre dann ein Gebot skeptischer Klugheit, sich so oft und so entschieden in die Sphäre des Politischen einzumischen, wie es ums Eigene geht oder gehen könnte, wobei das Eigene auch am jeweils Anderen hängen dürfte.

Eine skeptische Philosophie des Politischen braucht nicht auf die Erhaltung des Status quo zu pochen, weil sich die Skepsis selber lähmt. Die Indifferenz als Kardinaltugend des deutschen Bundesbürgers läßt sich zwar trefflich als exemplarisch gelebte Isosthenie, als Neutralisierung aller Gegensätze deuten – Skepsis als «reiner Konformismus» (Horkheimer, Montaigne, S. 273) –, ist aber nicht das letzte Wort skeptischer Selbstentpuppung. Skepsis kann gerade im Politischen ihr Element finden, nämlich insofern es der Politik immer ums jetzt Gebotene, nicht um die Letzten Dinge zu tun ist. Weder in der Skepsis noch in der Politik – entgegen den Verlautbarungen zahlreicher Politiker – geht es um definitive Wahrheiten, sondern um das Vorläufige, das Mögliche. Derlei Skepsis hätte eine Neigung zu demokratischer Politik und pluralistischen Gesellschaftsformen. Denn sie lebt aus der Vermutung heraus, daß in Ermangelung von Wahrheiten niemand zu irgendwelchen Wahrheiten gezwungen werden darf. Keine Amerikanisierung, sondern die Verschweizerung der Welt wäre die praktische Konsequenz.

Übung: Das «Ende der Utopien» ist in Mode – das Ende politischer Entwürfe, die das Gegebene zugunsten einer in Aussicht gestellten idealen Gesellschaft zu verabschieden empfehlen. Schlagen Sie im Lexikon unter «Utopien» nach. Sie werden Hinweise auf klassisch gewordene utopische Texte finden. Nehmen Sie sich einen dieser Texte, etwa den dem Genre den Namen gebenden Roman «Utopia» des Thomas Morus (1477–1535) zur Lektüre vor: die Geschichte von einem auf einer fernen Insel gelegenen Gemeinwesen, dessen vortreffliche Anlage in schreiendem Kontrast zu der Gesellschaft steht, die Morus im England seiner Zeit findet. Jedoch plädiert Morus keineswegs für die Verwirklichung einer solchen utopischen Gesellschaft. Er scheint vielmehr eine Strategie der Wissensverunsicherung zu verfolgen, die darin besteht, das politisch Bestehende und für wahr Gehaltene mit radikalen Gegenmodellen in seiner Selbstverständlichkeit zu erschüttern. Sind Utopien im ursprünglichen Sinn womöglich Medien einer skeptischen Infragestellung aller Formen von Realpolitik – keineswegs Modelle solcher Realpolitik? Dann könnte man es für eine besondere Ironie halten, daß Papst Johannes Paul II. Morus zum heiligen Patron der Politiker erhoben hat.

16. Als ob

Ein rechtschaffener Skeptiker dürfte sich hüten, irgendetwas für wahr zu halten. Wie kann er dann überhaupt etwas sagen?

In seinem Aufsatz *Überwindung der Metaphysik durch logische Analyse der Sprache* von 1931 rechnet Rudolf Carnap (1891–1970) mit dem Glauben der Metaphysik ab, Erkenntnis, die über das empirisch Protokollierbare hinausgeht, gewinnen zu können. Die von der Metaphysik gebrauchten Begriffe hätten keine hinreichend klar bestimmte Bedeutung und die zwischen diesen Begriffen angenommenen Beziehungen vertrügen sich zwar mit der grammatischen, nicht aber mit einer logischen Syntax, sondern verletzten beispielsweise Grenzen zwischen Begriffssphären. «Es kommt vor, daß eine solche Wortreihe auf den ersten Blick so aussieht, als sei sie ein Satz; in diesem Falle nennen wir sie einen *Scheinsatz*.» (Überwindung, S. 220) Man darf – um der Skepsis willen – noch hinzufügen, daß Carnap andernorts Fragen wie «Ist die Außenwelt wirklich?» ebenfalls nicht als «echte Fragen, sondern [als] Scheinfragen» zurückweist und damit zu der These gelangt, daß «die These von der Realität der Außenwelt eine leere Zutat zum Wissenschaftssystem» sei (Mein Weg, S. 70 f.) – mögen ihr noch so viele Naturwissenschaftler unbedingte Treue schwören.

In Carnaps Aufsatz heißt es programmatisch, daß «alle Sätze, die etwas besagen, empirischer Natur sind und zur Realwissenschaft gehören» (Überwindung, S. 237). Was für die Philosophie dabei übrig bleibt, «sind nicht Sätze, keine Theorie, kein System, sondern nur *eine Methode*, nämlich die der logischen Analyse». Negativ führe dies «zur Ausmerzung bedeutungsloser Wörter, sinnloser Scheinsätze». Positiv gewendet diene Philosophie «zur Klärung der sinnvollen Begriffe und Sätze, zur logischen Grundlegung der Realwissenschaft und der Mathematik» (S. 238). Carnap verschreibt der Philosophie eine Roßkur, in deren Verlauf sie sich zu der Einsicht durchringen soll, daß ihre Aufgabe sich auf die Kontrolle und sprachkritische Reglementierung wissenschaftlicher Rede beschränke. Dieses asketische Verständnis von Philosophie entbehrt für den Skeptiker nicht einer erheblichen Anziehungskraft, liefert eine solche Philosophie doch ein vortreffliches Handwerkszeug, um einen Großteil der vermeintlichen Sicherheiten zu eliminieren, mit denen Philosophen einherzustolzieren pflegen. Andererseits dürfte ihm die neue Rollenbestimmung der Philosophie reichlich dogmatisch vorkommen: Wer oder was zwingt den Skeptiker denn, sich mit einer Philosophie als Dienerin der Wissenschaft zu bescheiden? Der Skeptiker neigt eher dazu, die Philosophie als Irritationsmedium zu begreifen, das wissenschaftliches und anderes Sprechen nicht allein unter Rückgriff auf die beispielsweise sprachlichen Bedingungen seiner Möglichkeit befragt, sondern alternative, nichtwissenschaftliche Weisen des Sprechens erprobt – wie etwa Friedrich Nietzsche, dem Carnap am Ende seines Aufsatzes überraschend aufgeschlossen gegenübersteht (S. 241). Philosophie ist, wenn sie nicht nur eine Hilfswissenschaft unter Hauptwissenschaften sein will, womöglich gut beraten, sich vom Feststellen, Festlegen und Festschreiben zu verabschieden.

Der Skeptiker sträubt sich gegen alle mehr als nur vorläufigen Festschreibungen. Sein Sprechen steht unter der Kautele des «Als ob». Wäre skeptisches Philosophieren damit genötigt, sich selbst als fiktionales Sprechen auszuzeichnen? Dem *Grundriß der pyrrhonischen Skepsis* schickt Sextus Empiricus eine Art Narrativitätsklausel voraus: «ich möchte bemerken, daß ich von keinem der Dinge, die ich sagen werde, mit Sicherheit behaupte, dass es sich in jedem Fall so verhalte, wie ich sage, sondern dass ich über jedes einzelne nur nach dem, was mir jetzt erscheint, erzählend berichte.» (I 4, S. 93) Der Pyrrhoneer kann nicht grundsätzlich ausschließen, daß sich das Wahre finden läßt oder daß es das Wahre gibt, denn damit nähme er eine Gewißheit in Anspruch, die ihm verschlossen ist. Folgerichtig muß er sich allen Sprechens und Schreibens enthalten, das den Anschein erwecken könnte, etwas sei wirklich so, wie es beschrieben und bezeichnet wird. Was der Pyrrhoneer mit seinem Schreiben und Sprechen zum Ausdruck bringt, ist nur sein situatives Meinen, die Beschreibung seiner gegenwärtigen Phänomene, seiner Erlebnisse, seien sie nun sinnlicher oder intellektueller Art (vgl. oben Abschnitt 13). Erzählend (*historikôs*) verfährt das pyrrhoneische Schreiben. Selbst da, wo es scheinbar feststellend, festlegend ist, wird man sich an die Narrativitätsklausel zu erinnern haben, die Sextus' ganze *Grundlegung* mit dem Vorbehalt des Als-ob versieht. Im Modus des Als-ob findet Wirklichkeitsverunsicherung statt.

Nichts und niemand zwingt den Skeptiker allerdings, sich der pyrrhoneischen Fraktion anzuschließen, die die äußersten Konsequenzen aus ihren Erkenntnisvorbehalten zieht und nicht einmal das Nichtwissen für wißbar hält. Es gibt keine Nötigung zu letzten Konsequenzen, ebensowenig zur intellektuellen Selbstaufhebung. Ist, wie in der neuzeitlichen Philosophie spätestens seit Descartes häufig behauptet (vgl. oben Abschnitt 14), Nichtwissen ein Getäuschtwerden über die Wirklichkeit? Wäre dem so, läge es nahe, moralische Gründe gegen die Möglichkeit des Getäuschtwerdens ins Treffen zu führen: Descartes' Gott ist in seiner Vollkommenheit redlich und darf uns daher nicht täuschen. Aber vielleicht wäre es für mich ja besser, wenn ich getäuscht würde. Vielleicht macht es die Moralisierung der Täuschung so schwer, Skepsis als Lebenshaltung zu akzeptieren. Ich wähne mich betrogen, wenn mir die Wirklichkeit vorenthalten wird. Als ob sie jemand mir vorenthielte. Als ob ich ein Recht auf die Wirklichkeit hätte.

Vielleicht hat nicht allein der Pyrrhoneer den Anspruch auf «eigentliches» Sprechen aufzugeben, weil er damit die Unaussagbarkeit unterläuft. Der Skeptiker jeglicher Couleur fällt sich stets selber ins Wort. Sein Sprechen verzichtet auf das «Konsenserzwingungsspiel» (Kurt Röttgers), das das wissenschaftliche und das religiöse Sprechen gleichermaßen charakterisiert. Damit ist die

Grenze zum gebrochenen Schreiben in der literarischen Fiktion schon überschritten. Philosophie wird in Literatur verwandelt. Ist dann aber jedes fiktionale Sprechen skeptisch? Skeptische Philosophie erscheint als eine Philosophie des Sozusagen.

Übung: Überlegen Sie sich, welchen Status der Ihnen hier vorliegende Text hat. Handelt es sich um ein Stück wissenschaftlicher Prosa oder um ein Stück Fiktion, eine schlecht geschriebene Erzählung? Inwiefern kann dieser Text beanspruchen, Wirklichkeiten abzubilden? Inwiefern erschafft er sie? Inwiefern täuscht er über sie hinweg?

17. Traditionen und Konventionen

Wenn der Skeptiker alles unter den Generalverdacht stellt, es könnte genausogut anders oder nicht sein, fehlt ihm offenbar jeder Grund, so und nicht anders zu handeln. Wie kommt er dann aber dazu, überhaupt zu handeln?

Die pyrrhoneische Skepsis, die jedes mögliche Urteil mit einem entgegengesetzten Urteil neutralisieren möchte, kann keine Gründe angeben, die ein mögliches Handeln hinreichend legitimieren. Der Widerstreit der Meinungen bewirkt, daß bei ausreichend langer Betrachtung des in Frage Stehenden stets gleichwertige Gegengründe, anders zu handeln, gefunden werden. So tendiert der klassische Pyrrhonismus dazu, die Urteilsenthaltung mit Handlungsenthaltung zu kombinieren.

Aber auch der Pyrrhoneer kommt nicht umhin, elementare Handlungen auszuführen. Unterließe er das Trinken, Essen, Schlafen, wäre dies mit dem Entschluß zur Selbstauslöschung identisch. Dieser Entschluß würde eine Entscheidung bedeuten, die der Pyrrhoneer nicht auf sich nehmen oder zumindest nicht rechtfertigen kann. In den Belangen des alltäglichen Lebens muß sich der Pyrrhoneer eine Handlungs(enthaltungs)strategie zulegen, die ihn möglichst von Entscheidungen und Entscheidungsnotständen entbindet. Die meiste Entscheidungsentbindung scheinen ihm festgelegte Konventionen und überkommene Traditionen zu bieten.

Im Vertrauen auf soziale Konventionen und Traditionen liegt die Antwort des Pyrrhonismus auf die alltäglichen Herausforderungen des Handelns, soweit sie nicht instinktiv bereits beantwortet sind. Im Interesse der Meeresstille der Seele sollen diese Herausforderungen minimiert werden. Denn wenn ich den ererbten und anerzogenen Handlungsmustern treu bleibe, muß ich nie eine Entscheidung treffen (obwohl in der Fortsetzung der Handlungskontinuität eine wenigstens implizite Entscheidung – «weitermachen!» – zu liegen scheint). Der Pyrrhonismus ist im Hinblick auf Traditionen und Konventionen stockkonservativ.

Es scheint so, als könne der konsequente Pyrrhoneer nur als Parasit am gesellschaftlichen Leben teilnehmen (vgl. oben Abschnitt 11) – insofern er von Menschen umgeben ist, die ihm die Entscheidungen und Handlungen abnehmen, die zum Überleben notwendig sind. «Als Anaxarch [Pyrrhons Lehrer] einmal in einen Sumpf gefallen war, ging er [Pyrrhon] seines Weges weiter, ohne ihm zu helfen, ein Verhalten, das ihm manchen Tadel zuzog, während Anaxarch selbst diese Gleichgültigkeit und Teilnahmslosigkeit an ihm lobte.» (Diogenes Laertius IX 63, S. 193) Der Urteils- und Handlungsenthaltung haftet bei Pyrrhon ein liebenswürdiger Zug an; er hat etwas von einem rührenden Idioten. Denkt man aber den Konventionalismus und Traditionalismus des radikalen Pyrrhoneers zu Ende, tun sich allerlei beunruhigende Perspektiven auf. Man stelle sich etwa vor, der Pyrrhoneer wäre als Nationalsozialist erzogen worden. Zwar würde er niemals behaupten, diese Ideologie wäre wahr oder gültig. Aber er hätte doch nie genügend Gründe, von der ihm überlieferten Tradition und der eingeübten Konvention abzuweichen.

Der pyrrhoneische Konventionalismus und Traditionalismus könnte also Konsequenzen zeitigen, die zumindest landläufigen Moralen widerstreiten. Man mag sagen, darin liege die provokatorische Kraft des Pyrrhonismus. Aber befriedigend ist diese Position des pyrrhoneischen Konventionalismus und Traditionalismus vor allem deswegen nicht, weil sie leicht in den Verdacht des Dogmatismus gerät. Dem Verbot, sich mittels Entscheidungen und Handlungen aus Konventionen und Traditionen zu befreien, liegt ebenfalls eine Entscheidung zugrunde. Wer fällt sie? Mit welchem Recht wird sie getroffen und mit welcher angemaßten Einsicht in das Wesen der Dinge oder in das Wesen der Seelenruhe, die einem bei Einhaltung des Verbots zuteil werden soll?

Wer die Befolgung von Konvention und Tradition als lebenspraktische Maxime festschreibt, der behauptet damit zwar nicht, daß das, was Konvention und Tradition gebieten, *theoretisch* wahr sei – oder doch zumindest wahrer als das Gegenteil. Aber er unterstellt, daß es *praktisch* wahr sei, das heißt, daß man der Konvention und Tradition gehorchen solle, weil solcher Gehorsam für das erstrebte Ziel, nämlich Seelenruhe, unabdingbar sei. Diese Unterstellung ist ebensowenig vor neutralisierender Entgegensetzung, vor Isosthenierung gefeit wie irgendeine beliebige andere Ansicht. Der Pyrrhoneer erweckt den Anschein, daß das, was er über Seelenruhe sagt, auf einer Ebene angesiedelt ist, die vom Mechanismus der neutralisierenden Entgegensetzungen unbehelligt bleibt. Jedoch ist das nur ein dogmatisches Vorurteil – vielleicht das letzte, das dem Pyrrhoneer geblieben ist. Warum soll uns ausgerechnet an Seelenruhe gelegen sein und nicht an etwas ganz anderem? Und selbst wenn es so wäre – wofür ein Skeptiker kaum über hinreichend Evidenzen verfügen wird –, ist damit noch lange nicht gesagt, daß dieses Ziel mit einer möglichst geschmeidigen Anpassung an Konventionen und Traditionen eher erreicht werden kann als durch andere Maßnahmen. Das Mittel zum Zweck ist ebenso anfällig für neutralisierende Entgegensetzungen wie der Zweck selbst.

Konventionalismus und Traditionalismus charakterisieren zwar den historischen Pyrrhonismus. Sie sind aber keineswegs verbindliche Vorgaben für eine moderne skeptische Ethik. Die kann gut ohne das praktische Dogma des mit Seelenruhe identifizierten Lebensziels auskommen und braucht nicht ängstlich darauf bedacht zu sein, jede Entscheidung zu vermeiden. Wenn sich für eine skeptische Ethik individuelle Freiheit nicht beweisen läßt, wäre es doch töricht und dogmatisch, wollte sie solche Freiheit kategorisch leugnen (vgl. unten Abschnitt 29). Traditionalismus und Konventionalismus in strenger pyrrhoneischer Auslegung zerstören hingegen die Möglichkeit von Freiheit – als Möglichkeit, anders zu handeln und zu denken, als es vorgegeben ist. Obgleich ein moderner Skeptiker nicht weiß, ob es Freiheit gibt, muß er sich nicht von vornherein um die Chance bringen, sie zu genießen, falls es sie geben sollte. Im Interesse seiner Souveränität und Weltdistanz wäre ihm eher anzuraten, auf eine *Freiheit als ob* zu setzen und gegen das gemeinhin Gültige und Überlieferte ein Eigenes einzufordern, von dem er glauben (wollen) kann, es sei das Seine.

Übung: Wählen Sie zwei Konventionen und zwei Traditionen aus, von denen Sie glauben, Sie seien Ihnen lebensdienlich. Analysieren Sie, worin diese Lebensdienlichkeit liegt: etwa darin, daß die Erziehung Ihrer Kinder nach alter Väter Sitte Ihnen die Last abnimmt, sich selber zu überlegen, was aus dem Leben Ihrer Kinder werden soll? Etwa darin, daß die Konvention, Ihre Rechnungen pünktlich auf den Dreißigsten des Monats zu bezahlen, Ihnen Scherereien erspart? Etwa darin, daß das eingespielte Verhältnis zu Ihrem Ehegatten Ihnen einige emotionale und soziale Sicherheit schenkt – ganz gleich, was Sie wirklich für ihn empfinden? Fragen Sie sich sodann, was Sie gewännen, wenn Sie manche Ihrer Traditionen und Konventionen über Bord würfen. Die regelmäßige hypothetische Überprüfung des Nutzens und Nachteils von Konventionen und Traditionen zeigt Ihnen, wie sehr Sie zum vermeintlich Eigenen Distanz gewinnen können. In der provisorischen Suspension des Geläufigen kann eine skeptische Haltung Befriedigung und Befreiung zugleich finden – wenngleich nie auf Dauer.

18. Religion

In der Alltagssprache gilt derjenige als Skeptiker, der nicht an das glaubt, was die Religionen als Wahrheiten postulieren. Ist ein philosophischer Skeptiker der Religion notwendig feindselig gesinnt?

Vielleicht ist der Skeptiker in seiner Entscheidungskraft zu gehemmt, um überhaupt feindselige Gesinnungen hegen zu können. Wer den religiösen Wahrheiten feindlich gegenübersteht, hat gewöhnlich seine eigenen, beispielsweise «wissenschaftlichen» Wahrheiten schon in der Hinterhand, mit denen er die Welt beglücken will, sobald das religiöse Weltbild «überwunden» ist. Die Geschichte der philosophischen Skepsis seit der Spätantike erweist sich demgegenüber weithin als Geschichte einer Kritik, die die natürlichen Erkenntniskräfte der Menschen blamiert, um für den Glauben Platz zu schaffen. Die Wahrheiten, die durch vernünftige Einsicht zu erreichen sind, verfallen dem Zweifel, um als das einzig Gewisse die übervernünftigen Offenbarungen Gottes umso strahlender hervortreten zu lassen. Dieser skeptische Fideismus hält die Offenbarung als Selbstkundgabe Gottes für nicht zweifelsanfällig. Diese Auffassung hält jedoch der historischen Erforschung der Religion kaum stand: Die historisch-kritische Bibelexegese und die Kirchengeschichte zusammen mit der vergleichenden Religionswissenschaft legen nahe, daß es sich bei Religion um eine von Menschen für Menschen gemachte Angelegenheit handelt. Etwas mit menschlichen Mitteln schlechterdings Unbeweisbares wie religiöse Wahrheiten ist indes auch nicht im strengen Sinn zu widerlegen – zu neutralisieren aber schon.

Nicht als Feindseligkeit, sondern als Neutralisierungsinteresse könnte die Haltung eines modernen philosophischen Skeptikers gegenüber religiösen Ansprüchen auf absolute Wahrheit beschrieben werden. Die religiösen Wahrheiten behindern, zumindest im vielgescholtenen *Old Europe*, die freie Entfaltung des Denkens nicht mehr so, wie dies mancher französische Aufklärer noch empfunden hatte. Es mag ja sein, daß das Christentum selbst die scheinbar säkularsten Wertvorstellungen geprägt hat. Jedoch bräuchte daraus für den Skeptiker schwerlich der rabiate Wunsch nach Ausrottung dieser Wertvorstellungen zu folgen. Gesetzt, die Überzeugungen des Christentums oder irgendeiner anderen Religion ließen sich als falsch erweisen, würde daraus doch nicht zu schließen sein, daß die aus diesen Überzeugungen gewonnenen Wertvorstellungen ebenfalls falsch sind. Die Entstehung einer Moral sagt nichts über ihre Geltung aus. «An ihren Früchten soll ihr sie erkennen.» (Matthäus 7,14)

Die Vorstellung, daß die westlichen Gesellschaften mit und nach der Aufklärung einen geradlinigen Prozeß der Säkularisierung, der Verweltlichung durchgemacht hätten, der zum Absterben von Religion führe, dürfte eine Wunschvorstellung jener sein, die die religiösen Wahrheiten durch ihre eigenen säkularen Wahrheiten ersetzt sehen möchten. Beobachtbar ist eher die rasante Diversifizierung und Individualisierung des Religiösen, was dessen Stellenwert im Leben des Einzelnen verglichen beispielsweise mit dem Hochmittelalter keineswegs zu verringern braucht. Religion ist allerdings zur Privatsache geworden. Der Glaube sei jedem unbenommen, hat aber keine Aussicht mehr, an der Autorität des «wissenschaftlichen» Wissens zu kratzen. Er ist keine Waffe mehr gegen dieses Wissen, insofern auch kein taugliches Argument einer skeptischen Philosophie: Wenn jemand einen Wissensbestand anzweifelt, weil dieser seinen Glaubensüberzeugungen widerspricht, ist das sein persönliches Problem – oder wie im Falle der Kreationisten, die gegen den Darwinismus Sturm laufen, das Problem einer bestimmten sozialen Gruppe. Aber zur Widerlegung des dem Glauben widersprechenden Wissens muß sich der Gläubige auf eine innerweltliche Argumentation einlassen, indem er etwa dessen innere Widersprüche herausstreicht, ohne auf die Offenbarung als Offenbarung zurückzugreifen.

Die frühe Neuzeit ist von religiösen Weltanschauungskämpfen gekennzeichnet: Jede Konfession glaubte damals, sie habe die absolute Wahrheit für sich allein gepachtet, was angesichts rivalisierender Wahrheitsansprüche dazu führte, daß man keiner der konkurrierenden religiösen Wahrheitsmonopolistinnen mehr glauben wollte. Die blutige Konfliktträchtigkeit einander in Geltung und Recht bestreitender, religiöser Überzeugungen hat diese schließlich ihre gesellschaftliche Dominanz verlieren lassen (vgl. oben Abschnitt 9). Dies geschah letztlich im pragmatischen Interesse aller Betroffenen in der Überzeugung, daß ohne erzwungene, einheitliche und öffentliche Religion menschliches Zusammenleben besser funktioniert – und daß es im übrigen auch der Religion guttut, wenn sie sich auf den Bereich privater Lebensgestaltung konzentriert, statt sich mit gesamtgesellschaftlicher Verantwortung zu überlasten: Neutralisierung, ohne daß man darum viel philosophisches, gar skeptisches Aufheben hätte machen müssen.

Den philosophischen Skeptiker bräuchte Religion nichts mehr anzugehen: Sie ist ihm kein Mittel mehr, wissenschaftliche oder vernünftige Wahrheiten zu bestreiten – und ihre eigenen Wahrheiten liegen zu weit von innerweltlichen, skeptisch hinterfragbaren Plausibilitäten ab, als daß sie als Ersatz für wissenschaftliche oder vernünftige Wahrheiten für ihn ernstlich in den Blick kämen. Dennoch kann Religion dem Skeptiker als ein Neutralisierungsmittel dienen, nämlich dadurch, daß Religion die Fragen wachhält, ob das, was in dieser Welt als des letzten Ernstes würdig erachtet wird, wirklich dieses letzten Ernstes würdig ist. Ohne an das glauben zu müssen, was die Religion dekretiert, kann sich der Skeptiker doch probehalber, im Modus des Als-ob, auf einen religiösen Standpunkt versetzen und von da aus einen Blick auf die mögliche Nichtigkeit des irdischen Daseins werfen. Jenseitsorientierte Religionen wie das Christentum kultivieren einen Generalvorbehalt gegen das Hier und Jetzt, gegen die vorgeblichen Sachzwänge des Erdenlebens. Ein Vorbehalt, der sich in den Habitus des Skeptikers übersetzen läßt – auch und gerade wenn der nicht an Jenseitswelten glaubt. Eine ihrer überbordenden Himmelreichshoffnungen entkleidete Todesweisheit, wie sie das Christentum mit dem Ruf *memento mori!* zum Ausdruck bringt, steht dem Skeptiker gut zu Gesicht.

Übung: Wie halten Sie es mit der Religion? Halten Sie sich für einen aufgeklärten Zeitgenossen, der mit der Lehre von der Dreieinigkeit und der Stellvertretenden Genugtuung nichts mehr anzufangen weiß? Der sich aber beim Osternachtsgottesdienst verschämt in eine dunkle Kirchennische drückt und eine starke Neigung zum Schluchzen verspürt, wenn plötzlich der Ruf «Christus ist auferstanden, er ist wahrhaftig auferstanden!» ertönt? Es wäre kein Zeichen skeptischer Klugheit, wollten Sie derlei Empfänglichkeit fürs Religiöse einfach als schlecht verdaute Kindheitssentimentalität auf Eis legen. Zwar ist Distanz zu den eigenen Gefühlsüberschwenglichkeiten sicher eine löbliche philosophische Haltung. Aber lassen Sie, wenn Ihnen an skeptischer Dämmung und Dämpfung hypertropher Sinn- und Erkenntnisansprüche liegt, nie außer acht, daß Sie nicht gezwungen sind, den sogenannten innerweltlichen Wahrheiten, die säkularer Intellekt und Wissenschaft anzubieten haben, unbedingten Gehorsam zu erweisen. Weshalb also – zwecks Entlastung – nicht auch ein teilzeitreligiöser Mensch sein, wenn Sie es für sich als gut befinden? Versuchen Sie, eine Woche als religiöser Mensch zu verbringen, jeden Tag mit einem Gebet zu beginnen und abzuschließen, all Ihr Tun im Angesicht der Ewigkeit zu beurteilen und sich im Schatten göttlicher Allmacht in Selbsterniedrigung zu üben! Was für eine Welt geht da für Sie auf?

19. Kultur

Fassen wir Kultur als Inbegriff dessen auf, was das Dasein von Menschen bestimmt, ohne Teil ihrer biologischen Natur zu sein, ist es schwer von der Hand zu weisen, daß es unterschiedlichste Kulturen gibt. Die Kultur bestimmt das, was ein Mensch zu erkennen, zu denken und zu tun vermag. Kann es skeptische Distanz zur kulturellen Bedingtheit des Menschseins geben?

Theoriensoziologisch wird man die Behauptung wagen dürfen, daß skeptisches Denken nur unter bestimmten kulturellen Voraussetzungen gedeiht; daß gewisse Ausprägungen menschlicher Kultur ein skeptisches Denken, das sich auch nach den Voraussetzungen der von Menschen für Menschen gemachten Kultur erkundigt, begünstigen – während andere es ersticken. Die Kultur, in der ich lebe, hat Techniken ausgebildet, mit deren Hilfe die Andersartigkeit anderer Kulturen festgestellt und analysiert wird, ohne andere Kulturen der eigenen anzugleichen. Eine solche Technik ist die Ethnologie, die das kulturell Fremde zu ihrem Hauptgegenstand macht. Mitunter gelangt sie zu einer Auffassung, die man Kulturrelativismus nennt und die häufig mit skeptischem Philosophieren verwechselt wird. Der Kulturrelativismus besteht wesentlich aus zwei Behauptungen, deren erste unproblematisch ist, deren zweite jedoch an logischer Gebrechlichkeit krankt (Williams, Begriff, S. 28–33). Die erste Behauptung ist die empirische Feststellung, daß verschiedene Kulturen gänzlich verschiedene Vorstellungen davon entwickeln, was gut und für die Angehörigen dieser Kultur verbindlich ist. Die zweite Behauptung zieht hieraus den Schluß, alle moralischen Vorstellungen seien relativ und niemand habe das Recht, Angehörigen einer anderen Kultur seine eigenen moralischen Vorstellungen aufzuzwingen: Wenn Azteken Menschenopfer pflegen, stünde es Europäern nicht zu, sich gegen diese kulturelle Praxis zu verwahren. Die logische Gebrechlichkeit der zweiten Behauptung liegt zum einen darin, daß sie sich zu Verallgemeinerungen versteigt, zu denen sie aufgrund empirischer Beobachtungen nicht legitimiert ist. Wenn verschiedene Kulturen verschiedene Moralen ausbilden, beweist dies nicht, daß Moral nur kulturabhängig ist. Zum anderen ist die vom Kulturrelativismus erhobene moralische Forderung der Nichteinmischung offenkundig selbst ein moralisches Gebot, das universell sein will, also die Grenze der eigenen Kultur überschreitet. Es müßte der Sache nach ebenso den Azteken wie den Europäern auferlegt werden. Warum hätte sich zum Beispiel die europäische Kultur daran zu halten, wenn es die aztekische nicht tut? Ganz davon abgesehen soll bei dieser Behauptung ein schwieriger Übergang von einem empirischen Befund zu einer normativen Aussage bewerkstelligt werden.

Skeptisches Denken, dogmatische Verallgemeinerungen scheuend, kann damit kaum Kulturrelativismus im Sinne der zweiten Behauptung sein, so wenig es einem Skeptiker einzufallen braucht, die kulturelle Vielfalt moralischer Vorstellungen zu leugnen. Er wird Bedenken haben, wie Martha C. Nussbaum (geboren 1947) unter Berufung auf Aristoteles «tatsächlich kulturübergreifende Berührungspunkte», die sich «insbesondere im Bereich der Grunderfahrung» bei allen Menschen dingfest machen ließen (Gerechtigkeit, S. 255), als Fundament einer für alle Menschen gültigen Konzeption des guten Lebens zu postulieren. Auch wenn sich solche Berührungspunkte empirisch in vielen Fällen nachweisen lassen, ist aus der Vielzahl der Fälle nicht zu schließen, daß sie für alle zutreffen. Überdies muß auch die Aristotelikerin einen schwierigen Übergang vom Sein auf das Sollen vollziehen, gerät also in dieselben Begründungsnöte wie der normative Kulturrelativismus.

Der antike Pyrrhonismus hat verschiedene Listen sogenannter Tropen zusammengestellt – Argumente, «aus denen Zurückhaltung zu folgen scheint» (Sextus I 36, S. 102). Der zehnte Tropus des Ainesidemos «argumentiert aus den Lebensformen, den Sitten, den Gesetzen und den dogmatischen Annahmen» (I 145, S. 127). Sextus Empiricus bringt eine Fülle von Beispielen dafür, wie all diese Dinge, die man unter dem Stichwort «Kultur» zusammenfassen könnte – er selbst benutzt dafür den Ausdruck «das Ethische» in einem weiten Sinn (I 145, S. 126) –, je nach geographischen und historischen Umständen variieren, zum Beispiel im Hinblick auf Gesetze: «Bei den Taurern in Skythien war es Gesetz, die Fremden der Artemis zu opfern, bei uns dagegen ist es verboten, bei einem Heiligtum einen Menschen zu töten.» (I 149, S. 127) Für Pyrrhoneer folgt aus solchen Beispielen kultureller Differenz nicht jenes universalistische Gebot der Nichteinmischung, wie es der Kulturrelativismus erläßt, sondern die *epoché* (I 163, S. 130). Der empirische Befund nötigt also nicht zu einer moralischen Verallgemeinerung, sondern legt vielmehr dem Individuum, das sich die Vielgestaltigkeit menschlicher Daseinsgestaltungen vor Augen führt, eine bestimmte Haltung nahe, eben die Haltung der Nicht-Entscheidung, der Urteilsenthaltung. Der Pyrrhoneer versucht weder wie die Aristotelikerin, das Divergente auf ein Gemeinsames, Zugrundeliegendes zurückzuführen, noch behauptet er wie der Kulturrelativist, das Divergente sei prinzipiell irreduzibel und müsse als Divergentes erhalten bleiben.

Sextus läßt das Ethische in einer Fülle unterschiedlichster menschlicher Tätigkeiten und Vorstellungen aufgehen – eine Fülle, für die man heute den Ausdruck «Kultur» verwendet. Damit verfolgt er eine «Strategie der Einebnung» (Ricken, Antike Skeptiker, S. 144) und hebt die starke Wertung auf, die Philosophen mit dem Begriff des Ethischen ins Spiel zu bringen pflegen: Für diese Philosophen ist das Ethische beispielsweise dadurch ausgezeichnet, daß es der Vernunft oder der Natur des Menschen nicht nur entspringt, sondern ihr in ganz besonderer Weise angemessen ist. Das Ethische nach diesem Verständnis ist das Herzstück der Bestimmung des Menschen in der Interaktion mit seinen Mitmenschen. Wie immer die konkreten Bestimmungen des Ethischen aussehen: wesentlich ist für diese nichtskeptische Philosophie, daß es einen Kernbereich des Ethischen gibt, zu dem sich dann Konvention und Tradition (vgl. oben Abschnitt 17), Manieren und Gesetze (vgl. oben Abschnitt 9) wenn nicht gar hindernd, so doch höchstens als Beiwerk hinzugesellen. Eine solche Scheidung zwischen Kernbereich und Beiwerk des Ethischen ist für Sextus zunächst unbelegbar; und dies würde womöglich schon hinreichen, eine Rückführung des historisch und geographisch Zufälligen auf einen Kernbereich des Ethischen zu unterbinden. Aber solche Rückführungen verbieten sich ohnehin für einen Pyrrhoneer, der sich aller Substanzvorstellungen und aller Hierarchisierungen der Erscheinungen enthält. Er weist nur darauf hin, daß es keine Übereinstimmung über den Begriff und den Inhalt des Ethischen oder auch des Guten gibt.

Zwischen Kultur und dem, was Sextus das Ethische nennt, läßt sich also dann unterscheiden, wenn man gegen Sextus das Ethische als einen privilegierten Kernbereich der Kultur – des von Menschen für Menschen Gemachten und zu Machenden – versteht. Der Pyrrhoneer würde – stünde ihm der Begriff der Kultur zur Verfügung – eine solche Unterscheidung gerade nicht vornehmen können. Ob ein moderner Skeptiker dies kann, sei dahingestellt. Auffallen wird ihm aber vielleicht, daß dem Ethischen ohne Zentrum bei Sextus die heute von Richard Rorty propagierte Idee einer «Kultur ohne Zentrum» ähnelt: Rorty versucht zu zeigen, daß es «in der einer demokratischen Gesellschaft am ehesten entsprechenden Hochkultur [...] kein feststehendes Zentrum» gibt (Kultur, S. 5). Die vier laut Rorty um den Posten eines solchen Zentrums konkurrierenden Anwärterinnen Religion, Wissenschaft, Philosophie und Kunst (warum gerade diese vier?) könnten jeweils keine Hegemonie mehr beanspruchen. «Die beste Art von Kultur wäre eine, deren Schwerpunkt ständig wechselte.» Vielleicht ist dies weniger eine Forderung als eine Beschreibung unserer gegenwärtigen Situation. Es geht nicht um Kulturverfall, sondern darum, daß die innere Struktur von Kultur gegenwärtig in ständigem Wandel begriffen ist.

Hierin liegt die Chance der skeptischen Distanzierung von kultureller Bedingtheit. Denn die plurale Kultur der Gegenwart hält stets das jeweilige Gegenteil von dem, was getan, gedacht oder gefühlt wird, als Denkmöglichkeit offen. Der moderne Skeptiker kann sich all diese Denkfreiräume bewahren und an die Alternativen erinnern, ohne deswegen in das Eisbad der Isosthenie, der Gleichwertigkeit aller Möglichkeiten abzutauchen. Denn er will im Unterschied zum Pyrrhoneer nicht das Interesse abtöten, sondern hält im Unterschied zum traditionell am Unveränderlichen und Ewigen interessierten Philosophen gerade das Interesse am Kontingenten für eine seiner Zentraltugenden. Das bedeutet freilich nicht, daß er durch den spielerischen Umgang mit den einzelnen kulturellen Möglichkeiten die kulturelle Bedingtheit des Menschseins selbst mit Erfolg zu distanzieren vermag.

Übung: Fragen Sie sich, welche Dinge Ihrer Meinung nach unerläßliche Bestandteile dessen sind, was Sie für die Kultur halten, in der Sie leben oder leben wollen. Ist die Wissenschaft unerläßlich, die Philosophie, die demokratische Gesellschaftsordnung, die Religion, die Literatur? Oder was? Würden Sie einer Kultur, der einer dieser Bestandteile fehlt, absprechen, daß sie eine Kultur ist? Wäre umgekehrt eine Kultur, die sich nur aus den für Sie unerläßlichen Bestandteilen zusammensetzt, eine vollständige Kultur? Machen Sie sich Elemente anderer Kulturen zu eigen! Dazu haben Sie täglich tausend Gelegenheiten: australisch kochen, koreanisch produzieren, amerikanisch essen, japanisch meditieren, mittelmeerisch denken. Läßt sich die entstehende Patchworkkultur nach Vollständigkeitskriterien beurteilen?

20. Sammeln

Weshalb werden Dinge gesammelt und in eine Ordnung gebracht, die nicht die Ordnung ist, in der diese Dinge sonst ihre Funktionen erfüllen? Gesammelte Zahnarztbohrer wüten in keinen Mundhöhlen mehr. Gesammelte Fingerhüte schützen keine zarten Näherinnenhände mehr. Gründet die Ordnung der Sammlung womöglich in einem tiefen Mißtrauen gegenüber vorgegebenen Ordnungen? Sammeln als skeptische Praxis?

Bei der privaten Sammlertätigkeit hat man es nach Meinung mancher Nichtsammler mit einer Verwirklichung des «Rechtes auf Faulheit» zu tun, wie Paul Lafargue (1842–1911) es gefordert hat. Was tut denn der Sammler von alten Straßenbahnfahrscheinen oder von balinesischen Skulpturen anderes, als seine überreichlich bemessene Zeit mit der Anhäufung offenkundig nutzloser oder in der Sammlung zur Nutzlosigkeit verurteilter Gegenstände zu vertändeln? Die Nichtsammler sind noch bereit einzuräumen, daß der reiche Erbe, der sich einer möglichst repräsentativen Zusammenstellung flämischer Meister verschreibt, und der Volkskundler, der sämtliche Pflugformen Südtirols zusammenträgt, ein am Ende nützliches Werk vollbringen, wenn sie ihre Sammlungen einem Museum überantworten, wo sich dann jedermann über Ackerbautechniken oder Malstilentwicklungen informieren kann. Das jedoch ändert in den Augen der Nichtsammler nichts daran, daß die Sammler bloß sammeln, weil sie es sich leisten können, auf Leistung zu verzichten. Ist eine Gesellschaft nicht zuinnerst verfault, wenn einige ihrer Mitglieder sich ungestraft das Privileg herausnehmen dürfen, den ökonomischen Sachzwang der Leistung durch Leistungsverweigerung zu untergraben? Und ohnehin folgt, so die Überzeugung der Nichtsammler, die Mehrzahl der Sammler keinem inneren Antrieb oder psychotischen Zwang, der sie zu ihrer nutzlosen Betätigung antreibt, sondern nur einem primitiven Nachahmungstrieb: Sie sammeln, weil andere es auch tun – ein Sachverhalt, der sich, so die Nichtsammler, am besten mit dem nach Thorstein Bunde Veblen (1857–1929) benannten Veblen-Effekt beschreiben lasse: Mit steigendem Preis nimmt die Nachfrage nach einem Sammelgegenstand zu, da der Kauf eines solchen Guts zu einem «auffälligen» Preis einen zusätzlichen Gewinn, nämlich höheres Sozialprestige, verschafft. Damit freilich wäre Sammeln wider Erwarten doch eingebunden in das nutzenökonomische Gefüge: Sammeln würde einen Mehrwert produzieren so wie Aktienbörsen und bräuchte sich nicht Leistungsverweigerung vorrechnen zu lassen.

Gegenüber solchen ökonomischen Überlegungen, zu deren Beurteilung mir die fachmännische Kompetenz fehlt, hat die philosophische Betrachtung des Sammelns aufschiebende Wirkung: Sie schiebt die Beschäftigung mit den soziologischen und ökonomischen Realgründen des Sammelns auf. Dabei ist das aufschiebende Moment ebenso ein Charakteristikum philosophischer Betrachtung wie des Sammelns: Sammeln und Philosophie sind gleichermaßen dazu angetan, zum Weltgetriebe auf Distanz zu gehen und das Drängen der Forderungen des Tages für eine Weile oder sogar für ein ganzes Philosophen- und Sammlerdasein aufzuschieben. Aus philosophischer Sicht ist der idealtypische Sammler ein Individuum, das nach seinen ganz eigenen Gesichtspunkten eine Sammlung als persönliche Wunschwelt erzeugt. Je nach Beobachterstandpunkt erscheint der Sammler als letzte Inkarnation jenes seiner selbst so gewissen neuzeitlichen Subjekts, das sich aus Herrschsucht oder purer Neugierde alles untertan macht, oder aber als hilfloses Opfer der Gewalt, die die Dinge ihm antun. Jedenfalls entzieht sich der Sammler, insofern er Sammler ist (als empirischer Mensch kann er noch viele andere Rollen haben – vgl.

oben Abschnitt 4), erfolgreich dem Ansinnen, ihn auf eine gesamtgesellschaftliche Verantwortung zu verpflichten: Der Sinn seines Lebens liegt nicht in der Welt da draußen – oder doch nur, falls er dort draußen sammelwürdige Objekte ausspäht. Allerdings begnügt er sich auch nicht mit reiner Innerlichkeit. Der idealtypische Sammler wählt einen Mittelweg zwischen Weltgetriebe und Innerlichkeit: Die Sammlung, als materialisierte Ordnung sorgfältig ausgewählter Dinge, ist das Feld, auf dem er seinen ganz persönlichen Lebenszweck realisiert. Das Zentrum, um das der Sammler kreist, liegt außerhalb seiner selbst, ist aber doch mit viel Bedacht abgegrenzt gegen mögliche Übergriffe von außen. Der Sammler ist zu skeptisch, als daß er glauben könnte, allein in ihm selber liege sein Heil – und zugleich zu skeptisch, um solches Heil in jenen Sphären der Welt zu suchen, die er nicht selbst geordnet hat: Sammeln als Technik gemeisterten Lebens. Und die Sammlung ist die Zeit – die individuelle Lebenszeit des Sammlers – in Objekte gefaßt.

Der idealtypische Sammler ist – wie nach Helmuth Plessner (1892–1985) der Mensch überhaupt (Augen, S. 9–62) – ein Exzentriker. Er erst verleiht den Dingen einen Eigenwert, unabhängig von ihrer Funktion und Brauchbarkeit. Sammeln – darin unterscheidet es sich vom bloßen Horten, das die Dinge zum späteren Gebrauch zusammenträgt – opponiert gegen den ausschließlich zweckrationalen Umgang mit den Dingen. Es ist mitnichten bloß rezeptiv, keine willkürliche Ansammlung der Dinge, keine getreue Welt-Kopie. Sammeln fordert vielmehr eine kreative Kompetenz, eine Welterschaffungs- und Weltordnungskompetenz.

Der Sammler hat die Wahl, was er sammeln will. Die Sammlung bringt seine irreduzibel subjektive Entscheidung zum Ausdruck, was seine Wunschwelt ausmachen soll und was nicht. Der idealtypische Sammler dürfte so eine entschiedene, wenngleich oft uneingestandene Neigung zur Skepsis haben, da er vorgefertigte und vorgegebene Weltanordnungsmuster nicht zu akzeptieren gewillt ist, sondern seine eigene Weltauslegungsordnung entwirft. Der Sammler als Skeptiker gruppiert die Dinge um: Er behält es sich vor, Dingen Wert zu verleihen, die in der landläufigen Ordnung der Dinge gar keinen oder nur geringen haben. Denn was gelten

Bierdeckel oder verbrauchte Telephonkarten in dieser landläufigen Ordnung? Der Sammler begnügt sich mit diesen Landläufigkeiten nicht, weil er erkennt, daß alle Weltanordnungsmuster willkürliche Setzungen sind. Daher sein Mut zur zwar gleichfalls willkürlichen, aber entschiedenen eigenen Weltauslegungsordnung.

Sammeln als Abstinenz vom Getriebe der Welt zeigt eine skeptische besonnene Rückzugspraxis an, die von der Einsicht zehrt, daß nur die Ordnungen, die ich selber gemacht habe, einigermaßen verläßlich sind (vgl. oben Abschnitt 8). Die Konjunktur des Sammelns in der Gegenwart läßt sich als Ausdruck eines skeptischen Zeitalters lesen – als Ausdruck der Selbstinstitutionalisierung einer «skeptischen Generation», von der der Soziologe Helmut Schelsky (1912–1984) einst im Hinblick auf «Entpolitisierung und Entideologisierung» der westdeutschen Nachkriegsjugend gesprochen hatte (Skeptische Generation, S. 84) und die sich auch ohne die ernüchternde Kriegserfahrung fortgepflanzt hat. Die Skepsis der Gegenwart dagegen ist selbstbewußt und pflegt weder Lethargie noch Endzeitstimmung, sondern beschränkt sich aufs Machbare: die eigene Sammlung.

Übung: Angenommen, Sie sind bislang kein Sammler, denken Sie darüber nach, welche Objekte der Gegenstandswelt Sie besonders anziehen. Besorgen Sie sich einige solche Objekte. Setzen Sie sie zueinander ins Verhältnis, entwickeln Sie geeignete Aufbewahrungstechniken. Sie besitzen jetzt eine Probesammlung. Gelüstet es Sie schon, weitere Objekte aufzuspüren? Erlegen Sie sich keine falsche Zurückhaltung auf! Wie erscheint Ihnen die Ordnung Ihrer Probesammlung? Unvollkommen, denn keine Sammlung ist vollständig, jede Ordnung mangelhaft – auch und gerade die eigene. Aber ist die selbstgeschaffene Ordnung nicht besser als die äußerlich vorgegebenen Ordnungen? Für Sie besser?

21. Erkenntnisansprüche I: Weltversionen

Skeptisches Philosophieren ist heute bestimmt von Fragen der Erkenntnistheorie, von der Frage etwa, wie ich sicher sein kann, daß ich das, was ich zu wissen glaube, auch wirklich weiß. Welche Erkenntnisansprüche kann ich besonnenerweise erheben, ohne Gefahr zu laufen, aufgrund unüberwindlichen skeptischen Widerspruchs immer wieder bitter entäuscht zu werden?

Die erste und unverblümteste Antwort auf die Frage nach der Reichweite unserer Erkenntnisansprüche ist die pyrrhoneische: Danach macht es gar keinen Sinn, überhaupt Erkenntnisansprüche zu erheben, denn man müßte deren Reichweite von vornherein auf Null reduzieren. Die Pyrrhon zugeschriebene Behauptung, «alles, was die Menschen tun», geschehe allein aufgrund von Konvention und Gewohnheit (Diogenes Laertius IX 61, S. 192), ist wiederum eine Äußerung, für die der Pyrrhoneer keine hinreichende Legitimation hätte, wollte er sie als Wissen proklamieren. Er würde sagen, es handle sich um eine *Ad-hoc*-Vermutung, ein momentanes Fürwahrhalten. Das alltägliche Sprechen erlegt dem Sprechenden fortwährend Erkenntnisansprüche auf, die zu unterlassen der Pyrrhoneer demjenigen anrät, der sich durch Verzicht auf dogmatische Überzeugungen für eine Seelenruhe qualifizieren will, die sich beim Aufgeben jeglicher Erkenntnisansprüche einfach einstellen soll: «Auch die Skeptiker hofften, die Seelenruhe dadurch zu erlangen, daß sie über die Ungleichförmigkeit der erscheinenden und gedachten Dinge entschieden. Da sie das nicht zu tun vermochten, hielten sie inne. Als sie aber innehielten, folgte ihnen wie zufällig die Seelenruhe wie der Schatten dem Körper.» (Sextus I 29, S. 100)

Eine zweite, scheinbar gemäßigtere Antwort hält der Konstruktivismus bereit, wie ihm Nelson Goodman (1906–1998) Gestalt verlieh. Goodman empfiehlt, die Vorstellung, nur eine einzige Weltversion habe Berechtigung, als Aberglauben abzutun. Vielmehr gebe es verschiedenste Weisen der Welterzeugung, die mit menschlichen Erkenntnismitteln nicht auf die eine, wahre Weltversion zurückzuführen seien. Die Weltversion des Kernphysikers ist nach Goodman nicht wahrer oder weltadäquater als die Weltversion, die sich in einem Roman von James Joyce oder einem Kupferstich von Albrecht Dürer artikuliert. Dabei ist Goodman weit davon entfernt, in eine postmodernistische Beliebigkeit oder einen mystischen Irrationalismus zu verfallen. Die Vernünftigkeit verschiedener Weltversionen bemißt sich nicht daran, ob sie mit einer zugrundeliegenden Welt übereinstimmen, sondern an ihrer inneren Stimmigkeit, ihrer rekonstruierbaren Regelhaftigkeit. Auch geht «das uns bekannte Welterzeugen [...] stets von bereits vorhandenen Welten aus; das Erschaffen ist ein Umschaffen» (Weisen, S. 19). Obwohl Goodman sein Denken am ehesten als «radikalen Relativismus» (S. 10) verstanden wissen will, bedeutet dies nicht, «daß alles erlaubt wäre, daß lange Geschichten ebensogut wären wie kurze, daß Wahrheiten von Falschheiten nicht mehr unterschieden würden, sondern nur, daß Wahrheit anders gedacht werden muß denn als Korrespondenz mit einer fertigen Welt» (S. 118). Bei Goodman existiert keine wirkliche Welt, an der sich die unterschiedlichen Weltversionen messen lassen.

Der philosophisch-praktische Mehrwert dieser Vielwelterei liegt darin, daß sie die Pluralität der unterschiedlichen Weltversionen nicht als ein Übel deklariert, das im Laufe der Evolution getilgt werden müßte, sondern lehrt, diese Pluralität ganz nüchtern und ohne Multi-Kulti-Brimborium zu begrüßen. Erkenntnisansprüche erweisen sich damit stets als situativ, als gebunden an die Bedingungen der jeweiligen Weltversion, in der sie erhoben werden. Ohne die skeptische Reserve zu verlassen, kann ich für meine Weltversion sehr wohl bestimmte Erkenntnisse und Erkenntnisansprüche erheben, solange ich zugestehe, daß diese Erkenntnisse nichts über die Welt an sich, sondern nur etwas über meine Welt, meine Weltversion aussagen. In anderen Weltversionen sind diese Erkenntnisse je nach Umständen ganz unerheblich. Vermutlich ist kein uns bekanntes Wesen mit der Fähigkeit begabt, diese Weltversionen miteinander abzugleichen und an höheren Gemeinsamkeiten zu messen, die die Welt an sich zu erschließen erlaubten.

Ein moderner Skeptiker dürfte sich also gegen den unter Philosophen heutzutage grassierenden Glauben verwahren, es müsse mehr geben als bloße Erscheinungen. Gegen den intellektuellen Wundbrand eines solchen Glaubens immunisiert sich, wer die

Reichweite seiner Erkenntnis auf das ihm in seiner Weltversion Zugängliche beschränkt, statt ihre Gültigkeit für alle möglichen Weltversionen zu behaupten. Ob es eine Welt hinter den Weltversionen gibt, tut für diesen Skeptiker nichts zur Sache, zu *seiner* Sache. Die *eine* Welt ist ihm eine überflüssige Annahme, die allerlei metaphysische und «wissenschaftliche» Ungeheuer zeugt. Ohne die läßt sich bedeutend ruhiger – und freier – leben.

Übung: Geben Sie sich während eines geschäftigen Nachmittags halbstündlich Rechenschaft, inwiefern Sie Welten schaffen und inwiefern Sie von den Welten anderer abhängig sind! Was müßte sich ändern, damit Ihre Welt eine andere Welt würde? Was müßten Sie ändern, damit dies geschieht? Ändert Ihr Nachdenken die Welt?

22. Erkenntnisansprüche II: Staunen

Am Anfang aller Philosophie steht das Staunen. Welchen Umgang aber pflegt eine Philosophie, die über ihren Anfang hinaus ist, mit dem Staunen? Formuliert sie Erkenntnisansprüche, um das Staunen zu überwinden, es zu vernichten? Oder wäre sie besser beraten, das Staunen unentwegt wachzuhalten und damit alle Erkenntnisansprüche als provisorisch auszuzeichnen?

Die Frage, ob Philosophie das Staunen zu überwinden habe oder zum Staunen zurückkehre, ist seit der Selbstbewußtwerdung der Philosophie ein Thema: Wenn nach Platon Sokrates im Gespräch mit Theaitetos das *thaumazein*, das Staunen oder das Sich-Verwundern, zum einzigen Anfang der Philosophie erklärt (Theaitetos, 155d), wird Sokrates von Diotima anderswo darüber belehrt, daß die geistige Schau der Idee des Schönen ebenfalls mit Staunen verbunden sei (Symposion, 210e). Das Staunen stünde also am Anfang so gut wie am Ende der Philosophie. Demgegenüber sieht Aristoteles zwar auch im Staunen die Veranlassung zur Philosophie, «indem man anfangs über die unmittelbar sich darbietenden unerklärlichen Erscheinungen sich verwunderte, dann allmählich fortschritt und auch über Größeres sich in Zweifel einließ» (Metaphysik I 2, 982b14 ff.). Indessen meint er, daß derjenige, der «in Zweifel und Verwunderung über eine Sache ist, [...] sie nicht zu kennen» glaubt. Aufgabe der Philosophie oder Wissenschaft ist es demnach, das anfängliche Staunen zu bewältigen.

Der Abschied vom Staunen, das der nach Ruhe dürstenden Seele Beunruhigung bringt, gehört zu den Kernanliegen stoischen Philosophierens. «Zweifellos ist dies die gerühmte, überragende und göttliche Weisheit, die menschlichen Dinge tief erkannt und durchdacht zu haben, von nichts sich überraschen zu lassen [nil admirari], wenn es geschieht, nichts, bevor es eintritt, für unmöglich zu halten.» (Cicero, Gespräche in Tuskulum III 14, 30, S. 221) Die von Cicero vorgeschlagene Strategie gegen das Staunen besteht demnach darin, gedanklich alles vorwegzunehmen, was einem im Leben widerfahren könnte, um sich so gegen dessen wirkliches Eintreffen zu wappnen. In der Stoa wird das Staunen als pathologischer Zustand der Seele begriffen, der mit einem Kontrollverlust der Vernunft einhergeht und die Freiheit der Seele beschneidet. Staunen erscheint als negativer Affekt, gegen den einzig Erkenntnis aufkommt, indem sie nämlich zeigt, daß es im großen Gefüge der universellen Ordnung nichts Staunenswertes gibt.

Gegen das aristotelisch-stoische Bestreben, die Ursachen des Staunens dem Erkennen zugänglich zu machen und so das Staunen zu überwinden, blieb jedoch auch die platonische und später neuplatonische Vorstellung wirkmächtig, die höchsten Gegenstände seien sehr wohl des Staunens würdig. Im Christentum wurden Gott und seine Schöpfung zum angemessenen Objekt des Staunens. Gottes Erhabenheit ist durch menschliche Erkenntnis nicht zu erfassen; verstummende Bewunderung angesichts dieses Mysteriums ist nach gängiger christlicher Auffassung die der Vernunft allein angemessene Haltung. Nicht der Kontrollverlust der Vernunft im Staunen ist hier das Problem, sondern, falls sich die Vernunft eigensinnig und bewunderungsresistent zeigt, der Kontrollverlust der Theologen, die das staunenswürdige Mysterium verwalten.

Wie soll sich skeptisches Philosophieren in diesen Kämpfen um die Hoheit über das Staunen positionieren? Es wird sich wenig geneigt fühlen, vor bloß behaupteten und in ihrer Existenz höchst umstrittenen Objekten wie der Idee des Schönen oder einem allmächtigen Schöpfergott in Staunen zu verfallen. Für derartiges Staunen über das Unsichtbare mangelt es dem skeptischen Denken sowohl an spekulativer als auch an imaginativer Kraft. Da liegt ihm das mit dem Zweifel verbundene Staunen, das Aristoteles zu Beginn der *Metaphysik* beschreibt, schon näher. Das skeptische Staunen, als ein nüchternes Sich-Verwundern, betrifft beispielsweise die Frage, ob etwas ist oder nicht ist, und wie etwas ist oder nicht ist. Skeptisches Denken nach Maßgabe des antiken Pyrrhonismus ist ein stetes Suchen, ein stetes Sich-Verwundern, das sich nicht auf die erhabenen Dinge bezieht, die menschlichen Sinnen nicht zugänglich sind, sondern auf das scheinbar Alltägliche. Im Unterschied zum Dogmatiker – mag der nun Aristoteliker oder Stoiker sein – bleibt der Pyrrhoneer prinzipiell um eine letzte, «wissenschaftliche» Antwort verlegen, die die Verwunderung ausräumt. Er ist auch nicht darauf angewiesen, eine Antwort zu finden, um seine Seelenruhe vor Beunruhigung zu schützen. Er hat den Glauben verabschiedet, daß es auf irgendeine Frage, irgendein Erstaunen eine definitive Antwort gibt – während es gerade dieser Glaube ist, der den aristotelischen oder stoischen Dogmatiker daran hindert, seine Seelenruhe zu finden, weil ihn unentwegt Fragen quälen, auf die er keine Antwort hat, auf die es aber Antworten geben zu müssen scheint. Die zweifelhafte Annahme des Dogmatikers ist es also, daß sich erst mit den Antworten, die das Staunen ausräumen, Seelenruhe einstellen könne, weshalb er sich – als Stoiker – folgerichtig einem generellen Verwunderungsverbot unterwirft: In ethischen Belangen setzt der Stoiker ohnehin Gewißheit voraus – da kann Staunen also nicht auftreten –, und die für die Ethik nicht relevanten Bereiche des Lebens werden, weil in ihnen die Gefahr des Staunens lauert, von vornherein für adiaphor, für gleichgültig erklärt.

Eine derart rigide Selbstdisziplin braucht weder der Pyrrhoneer noch der moderne Skeptiker über sich zu verhängen: Der erste erleidet durch die Antwortlosigkeit und die mögliche Unaufhebbarkeit des Staunens keine Einbuße an Seelenruhe; der zweite ist gar nicht so sehr auf Seelenruhe aus. Dem modernen Skeptiker drängt sich die Nähe von Zweifel und Staunen auf. Wenn ihm alles zum Gegenstand des Zweifelns werden kann, so ist auch alles ein möglicher Gegenstand des Staunens. Er benötigt dafür weder eine ursprüngliche Unwissenheit im Morgengrauen der Menschwerdung noch das fromme Erstarren vor Erhabenem. Und er wäre vorsichtig einer Äußerung gegenüber, wie sie Goethe zu Eckermann gemacht hat aus Anlaß von «Trinkgläsern, deren trübe Figuren gegen das Licht gelb und gegen das Dunkele blau erscheinen, und die also die Betrachtung eines Urphänomens gewähren»: «‹Das Höchste, wozu der Mensch gelangen kann›, sagte Goethe bei dieser Gelegenheit, ‹ist das Erstaunen; und wenn ihn das Urphänomen in Erstaunen setzt, so sei er zufrieden; ein Höheres kann es ihm nicht gewähren, und ein Weiteres soll er nicht dahinter suchen; hier ist die Grenze.›» (Eckermann, 18. Februar 1829, S. 255) Der Skeptiker wird mutmaßen, hier habe man es mit einem umgekehrten Platonismus zu tun, der das Staunen statt den höchsten Ideen empirischen Urphänomenen vorbehalten wolle. Bevor man zu ihnen vorgedrungen ist, ist das Staunen nach Goethe offenbar noch fehl am Platz – aber wie sollten sich Urphänomene von anderen Phänomenen unterscheiden lassen? Abgesehen davon wird dem Skeptiker die Anmaßung eines Wissens darum widerstreben, was denn das höchste für den Menschen Erreichbare sei.

Eher wird er bemerken, daß das Staunen an sich erstaunlich ist. Der Skeptiker zeigt sich reserviert gegenüber pathetischen Urgeschichtsvorstellungen, die den Menschen ständig von Staunen angerührt sein lassen – von einem Staunen, das ihn beispielsweise dazu gebracht habe, Gottheiten zu erfinden, die sich hinter dem Donner, dem Feuer, dem Wasser verbergen. Ist das Staunen nicht die große Ausnahme? Ist der Mensch, wie andere Tiere auch, nicht natürlicherweise desinteressiert an allem, was ihn nichts angeht? Also an überhaupt fast allem? Immerhin wird dem Menschen die *Fähigkeit* zum Staunen, zum Interesse zu bescheinigen sein.

Skeptische Philosophie könnte vorzüglich dazu berufen sein, das Staunen aufrechtzuerhalten (auch wenn es aus dem Zweifel keineswegs psychologisch notwendig folgt), eben weil sie sich jeder letzten Erkenntnis verweigert, weil sie in Erinnerung ruft, daß ich mich im permanenten Ausnahmezustand des Nichtwissens befinde. Umso erstaunlicher sind die Ansprüche, etwas wirklich wissen zu können. Denn es scheint dem Skeptiker, daß seine Meinungen nie mit der Welt, über die sie Meinungen sind, abzugleichen sind. Es gibt, so kommt es dem Skeptiker vor, keine «externe

Rechtfertigung» für seine Meinungen, für die Welthaltigkeit seines Fürwahrhaltens. Auch darüber läßt sich trefflich staunen.

Übung: Wann tritt bei Ihren Zweifeln, die Sie hier zu kultivieren lernen, Staunen auf? Etwa dann, wenn Sie wieder einen liebgewonnenen Wissensbestand als zweifelhaft verabschieden und zusammen mit getrockneten Rosen einbalsamieren? Oder dann, wenn Sie angesichts Ihrer skeptischen Wahl ein Schwindel angesichts des Meeres von Unsicherheit überkommt? Oder dann, wenn Ihnen etwas allen Zweifeln zu trotzen scheint? Oder haben Sie, des Zweifels wegen, das Staunen verlernt, weil es ein permanentes Staunen sein müßte?

23. Gesundheit

Daß Gesundheit nebst dem schieren Leben das höchste Gut ist, ist eine Ansicht, die all die hehren Phrasen von der ruhmreichen Aufopferung für Seelenheil oder Vaterland weggespült hat. Diese Ansicht ist Ausdruck eines Mißtrauens gegenüber allen Versprechen, daß es noch etwas jenseits dieses Lebens geben könnte, für das es sich zu leben lohnte. Drängt sich da Gesundheit – als Abwesenheit von Krankheit – nicht auch dem Skeptiker als höchstes Gut auf?

Aus Sicht ihrer Gegner ist Skepsis eine Krankheit. Eine Krankheit, der man allenfalls selbst eine therapeutische Wirkung einräumt. Moses Mendelssohn (1729–1786) befindet beispielsweise im Zuge seines Trachtens, das Dasein Gottes zu beweisen: «Zweifelsucht und Schwärmerey sind beides Krankheiten der Seele, die ihr den sittlichen Tod androhen. Nicht selten verordnet die Vorsehung eine Krankheit, um eine ihr entgegengesetzte zu heben, um dem Körper seine Gesundheit wieder zu schenken. […] Nach dem natürlichen Zirkellauf der Dinge führt Wahrheit zur Beruhigung, Beruhigung zur Trägheit und Trägheit zum Aberglauben. Alsdann ist es eine Wohlthat der Vorsehung, wenn der Geist des Zweifels und der spitzfündigsten Untersuchung rege gemacht wird, um durch Verwerfung aller Grundsätze den Rückweg zur Wahrheit wieder hinzuführen.» (Morgenstunden VIII, S. 72 f.) Es ist ein sehr spezifischer, ein atheistischer Zweifel, dem Mendelssohn einen reinigenden Effekt zuschreibt, und zwar sowohl im Hinblick auf intellektuelle Trägheit wie auch im Hinblick auf religiöse Überspannung. Der Skepsis widerfährt hier, was überhaupt ihr Geschick in neuzeitlicher Philosophie sein dürfte, nämlich zu ihr fremden Zwecken benutzt zu werden. Als Krankheit hat sie keinen Eigenwert, sondern wird eingeimpft zur Neutralisierung anderer Krankheiten.

Skepsis als Krankheit ist eine Diagnose, die auch Émile Michel Cioran (1911–1995) teilt, nicht ohne freilich jede therapeutische Erwartung zu unterbinden: «Die Skepsis, die nicht zur Zerrüttung unserer Gesundheit beiträgt, ist nur ein intellektuelles Exerzitium.» (Syllogismen, S. 43) Es liegt viel Verachtung im Ausdruck «nur ein intellektuelles Exerzitium» – als ob eine Skepsis, die nicht unerbittlich die psychische Gesundheit opfert, es nicht wert wäre, überhaupt gedacht und gelebt zu werden. Eine Skepsis als Therapeutikum würde wohl wie Skepsis als Glasperlenspiel Ciorans Hohn wachrufen. Wenn Skepsis als Spiel oder Übung hülfe, überbordende Sinnansprüche abzubauen und Gelassenheit zu forcieren, verfiele sie dem Nichtigkeitsverdacht. Cioran will keine Skepsis als geistigen Frühschoppen oder als intellektuell ambitioniertes Relaxen, sondern liebäugelt mit einer Skepsis als beinharter Praxis der Selbstverschleißung und Selbstzerfleischung – denn er ist nicht, wie der Aphorismus vielleicht vermuten läßt, darauf aus, die Skepsis zu überwinden. Cioran gibt sich als skeptischer Entschlossenheits- und Selbstvernichtungsfetischist.

Ob man nun Skepsis als Krankheit zur Heilung anderer Krankheiten ansieht oder sie gutheißt, weil sie eine Krankheit ist, die eine mir nicht zustehende Gesundheit vernichtet: «Krankheit als Chance» scheint die Überlegung zu sein, die einer solchen Kategorisierung zugrunde liegt, entweder als Chance zu einer Gesundheit auf höherer Stufe oder als Chance zur Erkenntnis, daß Krankheit die einzige dem Menschen angemessene Lebensform ist. Man könnte skeptisch einwenden, daß die Rede von Skepsis als Krankheit und von Krankheit als Chance nur die Phrasen derjenigen sind, die sich bester Gesundheit erfreuen, aber sich doch mit der Aura des Leidens umwölken wollen: Skepsis und Krankheit als Zierat des *décadent*.

Skepsis läßt sich medizinisch betrachten; aber auch die umgekehrte Blickrichtung ist möglich. Agrippa von Nettesheim (1486–1535) beispielsweise, der sein Werk *Über die Unsicherheit und Eitelkeit der Wissenschaften* unter das Motto *nihil scire felicissima vita* («nichts zu wissen, ist das glücklichste Leben») stellt (De incertitudine, unpag. Bl. *3 verso), trägt gegen die Medizin eine skeptische – allerdings religiös motivierte – Generalabrechnung vor. Dies tut er im direkten Anschluß an die Erörterung des Kriegshandwerks, denn die Medizin sei ebenfalls «eine Kunst, die Leute zu töten» (Eitelkeit, Bd. 2, S. 66). Es gilt ihm als ausgemacht, daß die Medizin die Krankheit ist, für deren Heilung sie sich hält – und daß man im Falle anderer Krankheiten «oftermals, ja fast immer mehr Gefahr von dem Medico und seiner Arznei, als von der Krankheit selbst zu befürchten hat» (Bd. 2, S. 72). Die Konsequenz ist, daß man jedes Bemühen aufgibt, eine Krankheit mit den Mitteln zu bekämpfen, die Menschen zu Gebote stehen, und stattdessen auf eine mystische Wirkung überirdischer Kräfte vertraut. Auch hier hat Skepsis eine rein instrumentelle Funktion, nämlich zu kurieren von der Eitelkeit des Vertrauens auf den Nutzen menschlicher Wissenschaften.

Weshalb sollte sich Skepsis für solche Zwecke vereinnahmen lassen? Wieso sollte sie entscheiden, ob die Medizin zur Behandlung von Krankheiten taugt oder nicht? Und weshalb sollte sie sich dem Gebot der Metapher fügen, sie sei eine Krankheit, die gesund macht, oder eine Gesundheit, die krank macht? Vielleicht reicht es, wenn sie zu gewissen Einschränkungen rät, zu Einschränkungen der Hinsichten und der Erwartungen. Auch so kann Skepsis noch immer ihrem Ruf gerecht werden, ihr Emblem sei das Skalpell.

Vielleicht stimmt man der Eingangsvermutung zu, Gesundheit sei nur deshalb zum höchsten Gut aufgestiegen, weil alle anderen Besetzungen der Stelle höchster Güter im Unverbindlichen und Ungefähren verdunstet sind. Was immer man selber glaubt: Man kann vom anderen nicht verlangen, er habe ebenfalls daran zu glauben. Gesundheit hat demgegenüber den entscheidenden Vorteil, daß sie nur negativ, nämlich als Abwesenheit von psychischem und physischem Leid zu bestimmen ist. Der Definition der WHO, wonach Gesundheit der «Zustand vollkommenen körperlichen, geistigen und sozialen Wohlbefindens und nicht allein das Fehlen von Krankheiten und Gebrechen» sei, liegt die Verwechslung der Begriffe Glück und Gesundheit zugrunde. Zum einen drückt sich in dieser Definition der zweifelhafte Anspruch einer sogenannten Weltorganisation aus, über Begriffsinhalte so freihändig zu verfügen, daß damit schlechterdings alles – nämlich das Glück der Menschen – in ihren Kompetenzbereich fällt. Die fragliche Definition inszeniert also die rhetorische Selbstermächtigung eines bürokratischen Apparats. Zum andern scheint sich die Aufblähung von Gesundheit zu Glück der Erhebung von Gesundheit zum höchsten Gut zu verdanken, dem dann offenbar zwangsläufig alle positiven Prädikate in höchster Potenz zukommen müssen wie sie weiland dem Gott der scholastischen Theologie zukamen. Nur leider ist Existenz kein solches Prädikat – so daß berechtigte Zweifel sowohl an der Existenz des scholastischen Gottes wie an der Existenz von Gesundheit als Kumulation aller möglichen Positivitäten angemeldet werden dürfen.

Skeptiker freunden sich mit Minimaldefinitionen eher an als mit Maximaldefinitionen. Gesundheit als Inbegriff all dessen, was für den Menschen erstrebenswert ist, ist wohl schwerlich ein hieniden einholbares Gut. Der Denkfehler bei einer solchen Konzeption von Gesundheit besteht darin, daß sie Gesundheit material begreift, während sie doch eigentlich nur als formales Gut andere, aber womöglich irreale, materiale Güter wie Glück, Ehre oder ewiges Heil auszustechen vermag. Sie ist insofern ein formales Gut, als eine positive, materiale Füllung von Gesundheit zu Begriffsmonstrositäten im Stil der WHO-Definition führt.

Gesundheit ist formal, weil sie an sich leer ist, eine Frist, die vermutlich notwendig durch Krankheit und/oder Tod beendet wird. Ihr Wert besteht darin, daß ich sie nutze. Nur wenn ich sie nutze, hat sie Wert. Gesundheit ist Bedingung der Möglichkeit anderer Güter. In den meisten Fällen wird sie aber nicht dazu genutzt, andere Güter zu erstreben. In diesen Fällen entbehrt es nicht einer bitteren Ironie, wenn sie für des Lebens höchstes Gut ausgegeben wird. Denn offenbar hat dann der fragliche Mensch für sich nichts Höheres anzustreben gewußt.

Übung: Bestimmen Sie Ihren Gesundheitszustand! Diese Bestimmung soll sowohl Ihre Empfindung von psychischem wie physischem Leid in Rechnung stellen als auch die Befunde über organische Schädigungen durch dafür zuständige Fachleute. Und dann fragen Sie sich, was Sie mit Ihren lebenslangen Rest-Gesundheiten – gewisse Funktionen Ihres Körpers sind bis zu Ihrem Todsein intakt – anstellen wollen.

24. Lebenskunst und Schönes

Lebenskunst ist trendy: aus seinem Leben ein Kunstwerk machen, wenn sich schon sonst nichts mehr zum Kunstwerk fügen will. Wie aber stellt sich ein Skeptiker den Ansprüchen der Lebenskunst?

«Schön» sei das, «was als *bejahenswert* erscheint», heißt eine Leitdevise von Wilhelm Schmids (geboren 1953) *Philosophie der Lebenskunst* (S. 168) im Gefolge von Michel Foucaults (1926–1984) «Ästhetik der Existenz». Diese Philosophie will Ästhetik und Ethik wieder zusammenführen und zu einem Lebenskunstwerk steigern. Daß Schmid dabei auf den Begriff des Schönen zurückkommt, der in den avantgardistischen Kunstdebatten lange Zeit als angestaubter Ladenhüter galt, hat zunächst damit zu tun, daß die Besetzung des Begriffs nicht mehr stark ist und man ihn sich also leicht aneignen kann. Zwar mag die philosophische Tradition das Schöne mit Begriffen wie Harmonie und Stimmigkeit, vollkommener sinnlicher Anschauung oder begriffslos Allgemeingefälligem bestimmt haben. Aber da ist kaum mehr einer, der diese Tradition noch eifrig verteidigen wollte. Sodann ist der Ausdruck «schön» kein präziöser Terminus einer wissenschaftlichen Kunstlehre und kein verblichenes Wort einer längst zu Grabe getragenen Bildungsbürgersprache. Ungeachtet des Bannes, mit dem streng negativistische Kunst und Kunsttheorien das Schöne belegt haben, ist es doch nach wie vor in aller Munde. Wenn es Schmid gelingen sollte, die Definition des Schönen in seinem Sinne umzuprägen, hätte er nicht einfach ein Requisit aus der philosophischen Mottenkiste neu besetzt, sondern etwas Alltagsrelevantes.

Achtet man auf den landläufigen Gebrauch des Ausdrucks

«schön», wird man allerdings nicht übersehen, daß es Dinge gibt, denen wir das Prädikat des Schönseins zuschreiben, ohne sie deswegen für bejahenswert zu halten. Anders ausgedrückt: Wenn wir etwas für schön halten, bedeutet das nicht, daß uns an seiner Existenz etwas liegt. Wir können, ohne uns geistig Gewalt anzutun, das «Böse» als schön empfinden und es dennoch ablehnen. Der landläufige Gebrauch von «schön» beinhaltet nicht, daß ich das damit Gemeinte auch billige, weil ich es für moralisch gut, für nützlich oder zuträglich halte.

Ein anderes, für den landläufigen Gebrauch des Ausdrucks «schön» typisches Charakteristikum ist die Distanz, die das Verhältnis des Urteilenden zum Beurteilten bestimmt. Schön ist etwas häufig nur, solange ein schützender Abstand zwischen Beurteiltem und Urteilendem erhalten bleibt. Ich will vielleicht, daß mir das durch das Schöne hervorgerufene ästhetische Erlebnis widerfährt, habe aber an dem Schönen als solchem kein Interesse. Zum Erlebnis besteht keine Distanz, zum schönen Gegenstand selbst sehr wohl. Nach Schmid «ist das, wofür es sich zu leben lohnt, dasjenige Schöne, für das das Individuum mit seinem Leben einzustehen bereit ist» (S. 169). Was sollte das für ein Schönes sein? Ist das Schöne, nach unserem gewöhnlichen Verständnis, nicht gerade das, was sich wohlgemut zu betrachten, wofür es sich aber nicht zu sterben lohnt? Wer wollte sterben für eine Mona Lisa, für eine sternenklare Nacht? Daß Heinrich Faust jenen Augenblick nicht findet, der so schön wäre, daß man ihn zum Verweilen einladen sollte (Goethe, Faust I, V. 1699 f.), ist sehr bezeichnend. Was wäre noch schön an diesem Schönen, wenn wir es nicht mehr in der Distanz würdigen können, sondern uns selbst dafür preisgeben sollten? Was macht dann das Spezifikum des Schönen im Unterschied zum Guten, zum Nützlichen, zum Angenehmen oder zum Netten aus?

Schmid stellt klar, daß es der Lebenskunstphilosophie nicht um etwas zu tun ist, was allgemein bejaht wird oder an sich bejahenswert ist. Das Bejahenswerte steht nicht fest, sondern liegt im individuellen Belieben: Ich bestimme, was ich bejahen will, was für mein Leben bejahenswert ist. Dabei bleibt die Bereitschaft bestehen, sich auf das einzulassen, was die Welt an Bejahenswertem bietet. Aus der Gleichsetzung des Schönen mit dem individuell

Bejahenswerten folgt eine radikale Privatisierung des Schönen. Dieses Bejahenswerte ist nicht verallgemeinerbar. Die Orientierung daran bedeutet auch nicht, daß Scheitern und Mißlingen ausgeschlossen werden, sondern daß ich mein Leben so gestalten soll, daß es in seiner Gesamtheit als bejahenswert erscheint. Es mangelt an Maßstäben, mit deren Hilfe Schönheit noch objektiv festzustellen wäre.

In der sozialen Lebenswelt scheint sich der Freiraum für individuelle Schönheitsideale und für eine privatsprachliche Zuschreibung von Schönheit allerdings zu minimieren. Wie viel anthropologische Invariabilität der Schönheitsvorstellungen es geben mag, sei dahingestellt; aufschlußreich ist die Beobachtung, daß sich ein uniformes Ideal von der Schönheit des «gestylten» menschlichen Körpers zu globalisieren scheint. Diese Entwicklung vollzieht sich vermutlich sehr zuungunsten einer freien, individuellen Entscheidung darüber, was das Schöne sein soll. Welche Folgen hat es, daß wir mit körperlicher Schönheit in TV und Kino unablässig konfrontiert werden, wie es uns im normalen zwischenmenschlichen Umgang nie widerfährt? Beginnt man deswegen die Häßlichkeit zu verachten? Zeigt der Wunsch, mit meinem Körper landläufig akzeptierte Schönheit zu verwirklichen, nicht sklavische Normanpassung an, Bejahung dessen, was faktisch von allen bejaht wird, als Ausdruck der menschlichen Unfreiheit? Bedeutet der Zwang zur Schönheit eine Domestizierung des Menschen – als Zwang, sich gesellschaftlichen Idealen anzupassen? Oder wird man über kurz oder lang dem Schönen gegenüber radikal gleichgültig? Wird es ebenso belanglos wie die schwer bestreitbare Bejahbarkeit jeglichen Lebens?

Schönheit ist zur Ware geworden – das ist mit ein Grund, weswegen sich die Kunst des zwanzigsten Jahrhunderts von ihr loszusagen suchte. Schönheit war eben keine Kunst mehr. Jedem stand sie industriell verfertigt zur Verfügung. Die landläufig geltende Schönheit ist etwas Machbares. Wem an skeptischer Zurückhaltung und an Autarkie liegt, wird sich diesem Machbarkeitsdiktat entziehen – und auch dem Schönheitsdiktat. Ist wahre Schönheit machbar? Ganz abgesehen davon, daß die Vorstellung vom Schönen, sobald man sie inhaltlich füllt, ins Reich einer antiquierten Ästhetik zu fallen scheint: Auf ein modernes Kunstwerk ist die

Kategorie des Schönen selten applizierbar. Was soll es dann recht-fertigen, daß man sie auf ein modernes Leben anwendet? Und schließlich: Wie kann ein der sinnlichen Anschauung völlig entzogener Gegenstand wie ein ganzes menschliches Leben schön sein, ohne daß man im Begriff des Schönen die Anschaulichkeit tilgt? Die Rede vom Schönen als Bejahenswertem gerinnt zur leeren Metapher.

Was spricht dagegen, das Ideal eines schönen Lebens als Haupt-postulat der Lebenskunstphilosophie zu verabschieden? Was tue ich denn, wenn ich mein Leben zum Kunstwerk gestalte? Wo ge-nau ist das Kunstwerk? In meinem makellosen *body*, in meinem auf Ausgeglichenheit getrimmten Gemüt, in meinem Gang, in meinen Äußerungen, in meinem Denken, im Zusammenspiel all dessen? Ist es möglich, daß die Fügung von Leben und Kunst auf einem Mißverständnis beruht, auf einer Verwechslung der Sphä-ren? Ist Lebenskunst ein Begriffsungetüm, mit dem sich Philoso-phie allenthalben angenehm machen will, indem sie die für Kunst bestimmende Gestaltungsfreiheit auf das Leben überträgt und je-des Leben danach bemißt, wie weit diese Übertragung gelungen ist? Wie immer man mißt, wird man sich vermessen. Vielleicht kommt ja eines Tages wieder jemand darauf, daß Leben und Kunst zweierlei Dinge sind. *Vita brevis, ars longa.*

Übung: Nehmen Sie sich eine halbe Stunde Zeit und überlegen Sie, was unverzichtbar ist. Suchen Sie nicht nach dem, worauf Sie nur ungern verzichten würden, sondern nach dem, was sich prinzipiell durch nichts anderes ersetzen läßt! Spaghetti können durch Erbsen, Liebe durch Macht, Geld durch Erkenntnis ersetzt werden. Macht skeptisches Philo-sophieren, in das Sie sich einüben, darauf aufmerksam, daß das Meiste verzichtbar ist – skeptisches Philosophieren eingeschlossen? Ist alles er-setzbar – das Schöne eingeschlossen?

25. Liebe

Ist dem Skeptiker Liebe möglich, wenn er sich als Pyrrhoneer nicht entscheiden kann oder als moderner Skeptiker Entscheidungen fällt, für die es keine letzte, rationale Rechtfertigung gibt? Ist für Liebe nicht sicheres Wissen unabdingbar? Oder gedeiht sie dann, wenn Wissen fehlt?

Pyrrhon selbst soll – in wenig zarte Händel mit der eigenen Schwester verstrickt – bemerkt haben, eine Frau «sei ein schlechter Probierstein für die unerschütterliche Gemütsruhe» (Diogenes Laertius IX 66, S. 194). Aber was sind andere Beglaubigungen der Gemütsruhe wert, wenn sie kapituliert vor den Zumutungen des Geschlechterverhältnisses? Dem antiken Betrachter mag ein Philosoph, der den Versuchungen geschlechtlicher Liebe nicht zu widerstehen vermochte, als Figur für die Komödie erschienen sein. Während andere philosophische Schulen von ihren Anhängern den Verzicht auf geschlechtliche Liebe zugunsten einer allein den höchsten, abstrakten Gegenständen gebührenden, geistigen Liebe leichthin haben fordern können, fehlen dem Pyrrhoneer für eine solche Umpolung seiner Triebnatur aufs rein Geistige hinreichende Gründe. Zum einen verfügt er nicht über die nötigen Erfahrungsgewißheiten, die die Existenz höchster, abstrakter Gegenstände beglaubigen (vgl. oben Abschnitt 12); zum anderen enthält er sich möglichst jeder Entscheidung, so daß er sich auch nicht zur Entscheidung wird durchringen können, auf geschlechtliche Liebe zu verzichten. Wenn es sich fügt – kraft der Nötigung durch die Phänomene selbst –, daß er liebt, wird er lieben. Wenn es sich fügt, daß er nicht liebt, wird er nicht lieben. Beides sollte seine Seelenruhe nicht beeinträchtigen. Das Verhalten in Liebesdingen gehört für ihn zu den kulturell kontingenten Dingen.

Für den Pyrrhoneer ist Liebe demnach kein Problem: Sie widerfährt ihm oder sie widerfährt ihm nicht. Und was ihm da widerfährt, ist ein unwiderstehliches Sich-Hingezogenfühlen zu (einem) bestimmten anderen Menschen – mitunter auch zu Dingen (vgl. oben Abschnitt 20). Weshalb sollte er sich diesem Widerfahrnis widersetzen? Ebensowenig widersetzt er sich der Empfindung, daß ihm Honig süß vorkommt, oder der Empfindung, daß ihm eine kalte Brise ins Gesicht bläst. Die Empfindung der Liebe verlangt ihm keine Entscheidung ab; er muß sich nicht den Kopf darüber zerbrechen, ob die Frau, die ihn hinreißt, es auch wert ist, daß man ihretwegen den Kopf verliert. Da er sich nicht entscheidet, sondern er «entschieden wird», verspürt er ebensowenig Skrupel, wenn sich die Richtung seiner Empfindungen wandelt und sein Herz plötzlich einer anderen zufliegt. Da er sich nicht entscheidet, ist er von aller Verantwortung in Liebesdingen entbunden; er kann reines Triebwesen sein – solange die Seelenruhe wie ein Schatten seinem Nichtentscheiden folgt. Für den Pyrrhoneer gehört Liebe in den Bereich der phänomenalen Mechanik. Aber es bleibt doch ein Rätsel, wie er als Spielball im Kräftespiel der Phänomene, die zu beeinflussen er sich untersagt, Unerschütterlichkeit zu bewahren versteht. Ist der Pyrrhoneer so abgehärtet, daß er nicht mehr im Innersten affiziert wird und also letzlich der Liebe entgeht?

Falls seine Gemütsruhe aber beeinträchtigt wird, wird der Pyrrhoneer die Empfindungen der Liebe mit Gegenläufigem zu neutralisieren trachten. Er wird seinen Empfindungsapparat wieder ins Gleichgewicht setzen, indem er die erlebten Empfindungen mit konträren Empfindungen oder Gedanken pariert und so eine Vergleichgültigung seiner Empfindungen herbeiführt. Ein moderner Skeptiker dagegen wird sich der pyrrhoneischen Strategie nicht einfach fügen, obwohl er im Unterschied zum Metaphysiker keine Objekte zu benennen wüßte, die als unvergängliche der Liebe allein würdig wären. Er wird anerkennen, daß die Strategie des Metaphysikers, auf Kontingentes, das heißt Vergängliches und Zufälliges bezogene Liebesempfindungen zu bagatellisieren, indem die Nichtigkeit dieses Kontingenten im Vergleich mit höchsten, unvergänglichen Liebesobjekten aufgewiesen wird, besser funktionieren könnte als die pyrrhoneische Isosthenierung – freilich nur so lange, wie die metaphysische Suggestion bestehen bleibt, in der Liebe zu einem unvergänglichen, unendlich größeren Liebesobjekt werde das kontingente Subjekt der Liebe in etwas der Kontingenz Enthobenes verwandelt. Dieser Suggestion braucht aber niemand zu erliegen. Der moderne Skeptiker wird eher die Unaufhebbarkeit der Kontingenz des Kontingenten vermuten und sich sowohl der pyrrhoneischen wie der metaphysischen Neutralisierungsstrategie verschließen, weil er seine kontingenten Liebesempfindungen gar nicht im Dienste seiner Seelenruhe zu betäuben trachtet. Warum sollte der moderne Skeptiker Seelenruhe wollen?

Es wird dem modernen Skeptiker schwerfallen, sich in jene Stillegung aller Lebensregungen zu finden, die dem Pyrrhoneer als höchstes Ziel vorschwebt. Warum sollte er sich nicht für das Abenteuer der Kontingenz mit einer Hingabe an die Kontingenz revanchieren? Was den modernen Skeptiker sowohl vom Pyrrhoneer wie vom Metaphysiker unterscheidet, ist die Fähigkeit, sich aller voreiligen Kontingenzbewältigung zu enthalten. Er muß Skeptiker genug sein, um kontingenten Empfindungen wie den Empfindungen der Liebe Raum zu lassen. Denn was könnte es rechtfertigen, auf Erfahrungen zu verzichten, von denen doch ein Skeptiker schwerlich wissen kann, ob sich der Verzicht darauf lohnt? Warum nicht die Chance wahrnehmen, Kontingenzerfahrungen da auszuleben, wo sie sich unmittelbar und mit aller Gewalt aufdrängen, in den Empfindungen der Liebe nämlich?

Das heißt nicht, daß er sich nicht eine letzte *reservatio mentalis*, einen letzten intellektuellen Vorbehalt gegenüber allen kontingenten Widerfahrnissen und auch gegenüber seiner eigenen Kontingenz gestattet. Er kann beispielsweise danach streben, die Empfindungen der Liebe möglichst lange am Leben zu halten und so die Kontingenz nicht zu bewältigen, sondern zu hegen (vgl. oben Abschnitt 8), gerade weil sie sich meinem Wissenkönnen, der Berechenbarkeit weitgehend entzieht. Für das Abenteuer des Nichtwissens und damit für das Abenteuer der Liebe ist der Skeptiker wie geschaffen.

Übung: Wie häufig kommen in Ihrem Leben jene Empfindungen vor, die man die Empfindungen der Liebe nennt? Jeden Morgen, wenn Sie Ihren Ehemann mit feierlichem Ernst und verschlafenen Augen seine Wangen rasieren sehen? Einmal in drei Wochen, wenn im Supermarkt jene Blondine mit den üppigen Formen einer Botticelli-Göttin Ihren Weg kreuzt? Jedesmal, wenn Sie im Ersten Korintherbrief den Hymnus auf die Nächstenliebe lesen? Kategorisieren Sie Ihre Empfindungen und stellen Sie eine Rangordnung auf, ohne sich auf das überlieferte Vorurteil zu verlassen, «geistige» Liebe sei der «fleischlichen» überlegen! Welche dieser Empfindungen möchten Sie pyrrhoneisch neutralisieren? Weshalb? Wollen Sie sich von der Kontingenz der Empfindungen und ihrer Gegenstände befreien? Brauchen diese Empfindungen Erfüllung? Wie sieht die Erfüllung aus?

26. Moral

Gesetzt, es gelänge dem Zweifel, das Vertrauen in die Verläßlichkeit dessen, was gemeinhin für Wirklichkeit gehalten wird, nachhaltig zu erschüttern, wie wäre es dann um Moral bestellt? Kann es eine skeptische Ethik geben?

Philosophen sind konditioniert, alle Handlungen – auch die unterlassenen – danach zu befragen, ob sie moralisch richtig oder falsch sind. Das meint offensichtlich nicht, daß die Handlungen zur Erreichung der jeweiligen Zwecke geeignet und insofern richtig sind, sondern daß sie «überhaupt» richtig sind – gemessen an übergeordneten, eben sogenannten moralischen Maßstäben, als deren Preisrichter sich die Philosophen betrachten. Auf die Frage, was denn genuin moralische Maßstäbe sind, halten diese Preisrichter die unterschiedlichsten Antworten bereit. Einig scheinen sie sich immerhin darin zu sein, daß diese Maßstäbe nicht denjenigen entsprechen, nach denen die fraglichen Handlungen sonst beurteilt werden. Was jedoch wäre, wenn die große Mehrzahl unserer Handlungen nichts mit Moral zu tun hätte? Ist es sinnvoll, alle möglichen Handlungen und die ihnen zugrundeliegenden Intentionen nach ihrem möglichen moralischen Gehalt zu befragen, wenn es für diese Handlungen, Intentionen und Maximen erschöpfende außermoralische Erklärungen gibt? Der Gefahr, sich zu Pausenclowns einer zynischen Spaßgesellschaft zu machen, wenn man unentwegt ein Unding wie «das Moralisch-Ethische» einfordert, scheinen jedenfalls nicht alle professionellen Ethiker zu entgehen. Skepsis in moralphilosophischen Belangen bezieht sich daher zunächst auf die universelle Reichweite von Moral – darauf, daß Moral jeweils der Gesichtspunkt ist, auf den es ankommt. Skeptische Ethik verlangt strengste Rechenschaft darüber, was mit welchen Gründen und zu welchem Behufe dem Bereich der Moral subsumiert und ihrem Urteil überlassen wird.

Skeptische Ethik könnte also eine metaethische Kontrollinstanz sein, die danach fragt, ob der jeweilige Konflikt zwischen Tun und Lassen überhaupt in den Bereich der Moral fällt, und welche Gründe es dafür geben kann, daß er es tut. Sie fragt, ob nicht Moralenthaltung rationaler ist als Moralentfaltung. Skeptische Ethik hat aber sehr wohl Wertbindungen. Aus ihr könnte – nicht als Direktive, sondern als Akt der Selbstzurücknahme – die *epoché* folgen. Damit folgte auch das Nichthandeln, aber nicht, weil dies besser ist als das Handeln, sondern weil der skeptische Ethiker die Entscheidung darüber verweigert, was denn besser ist. Jedenfalls tut er dies, insofern er skeptischer Ethiker ist, was keine Vollzeitbeschäftigung oder Vollzeitbeschäftigungslosigkeit ist. Auch der Metaethiker wandelt, wenn er Mensch und nicht Gott ist, nicht unentwegt auf der Metaebene, sondern ist zum Handeln verurteilt.

Skeptische Ethik funktioniert als Kontrollinstanz in sogenannten moralischen Konflikten. Sie suspendiert das Moralisch-urteilen-Müssen durch den Aufweis, daß die meisten Dinge moralisch adiaphor, gleichgültig, sind und daher weder für das Handeln noch für das Nichthandeln moralische Gründe oder Rechtfertigungen beizubringen sind. Daß die neuzeitliche Moralphilosophie Adiaphora zu verabscheuen pflegt, ist dabei symptomatisch für ihren universellen Anspruch und despotischen Weltzugriffswillen: Die moralphilosophische Kontrollneurose, die sich unter anderem in permanenten Rechtfertigungszwängen auslebt, bedarf selbst einer therapeutischen Ruhigstellung, wozu sich skeptische Ethik vorzüglich eignet. Das Therapeutikum heißt heilsame Verstörung. Wenn skeptische Ethik die Aufmerksamkeit darauf lenkt, daß wir uns bei all unseren moralischen Urteilen über Tun und Lassen der Menschen eine Urteilskompetenz anmaßen, über die wir mangels Allwissenheit nicht verfügen, nimmt sie ein Motiv auf, das sich selbst rigoristische Moralphilosophien in schwachen Stunden eingestehen: Daß wir nämlich nie wissen können, welche Maximen dem Handeln anderer und dem eigenen Handeln zugrunde liegen. Der Graben des Nichtwissens und Nichtwissenkönnens ist derart tief und unüberwindlich, daß es eigentlich nie zu begründeten moralischen Urteilen über konkretes Handeln kommen kann.

Uns fehlt das Wissen, welche geheimen Gründe konkretem Handeln vorausgehen. Dies ist dann ein skeptisches Hindernis, wenn die Moralphilosophie auf die Beurteilung von Gesinnungen und handlungsbegründenden Motiven abzielt. Glücklicherweise kann sie stattdessen die Handlungen selbst zum Gegenstand ihrer Beurteilung machen: Falls man nicht als Pyrrhoneer die Erkennbarkeit einer Handlung als Handlung leugnet (der Pyrrhoneer kann eine Handlung nicht von einem anderen Ereignis unterscheiden), liegt es nahe, verwirklichte und unterlassene Handlungen selbst moralischer Beurteilung zu unterwerfen, ungeachtet der Motive, die ihnen zugrunde liegen. Aber da taucht ein Polytheismus der Werte auf (Weber, Wissenschaftslehre, S. 603 f.), der eine letzte Entscheidung darüber, welche Werte gelten sollen, nach der Wahrnehmung der Skeptiker verunmöglicht. Ist es moralisch besser, wenn eine Handlung das allgemeine Wohlergehen befördert oder wenn sie einen einzelnen Menschen vor dem Hungertod bewahrt? Derlei Fragen lassen sich tausendfältig variieren. Eine skeptische Ethik pyrrhoneischen Zuschnitts würde sich nicht einmal Erkenntnisse über mögliche Folgen oder Nichtfolgen des Handelns und Nichthandelns zutrauen.

Den skeptischen Ethiker in pyrrhoneischer Reinkultur gibt es nicht als realen Menschen; er ist ein Idealtypus oder ein Pappkamerad. Skeptische Ethik ist selbst ein Ideal, an dem man sich zwar nach menschlicher Möglichkeit orientieren kann, das zu «realisieren» aber nicht menschenmöglich ist. Skepsis ist eine Strategie der Selbstaufklärung, die einen immer wieder darauf zurückwirft, daß man für das, was man tatsächlich tut (oder auch läßt) weder hinreichend moralisch gerechtfertigt ist, noch, daß eine solche Rechtfertigung überhaupt erreichbar oder auch nur wünschenswert ist. Das skeptische Nichtwissen besagt, daß einem nie hinreichende moralische Gründe zu Gebote stehen, die das jeweilige Handeln decken könnten. Nehme ich den Einwand des Nichtwissens und möglichen Nichtwissenkönnens ernst, bedeutet dies nicht, daß ich vollständig von allem Handeln abstrahiere und still dasitze, bis mich der Hungertod ereilt. Es bedeutet vielmehr, daß ich mich nicht mehr hinter etwas so Großem, Allgemeinem und Universellen verstecken kann, wie es «die Moral» zu sein vorgibt. Nichts nimmt mir länger die unbedingte individuelle

Verantwortung ab. Mein Tun ist dann nicht länger durch die hinreichenden Gründe der Moral prädisponiert, ja determiniert, sondern vollzieht sich in der illusionslosen Einsicht, daß aus dem von Zweifel stets anfechtbaren (moralisch) Allgemeinen das konkrete Handeln schwerlich notwendig folgen kann. Wer mit Verantwortungsethik ernst machen will, sollte sich zunächst von den Allgemeinheiten der Moral freizumachen suchen, die ihn von Verantwortung entbindet und in der falschen Sicherheit wiegt, das Allgemeine decke seine konkreten Entscheidungen. Auch eine skeptische Ethik tut dies nicht.

Im Kern geht es bei skeptischer Ethik um eine *Praxis der Moralaskese*. Wer mit diesem ethischen Ideal sympathisiert, wird sich im konkreten Fall nicht aller Entscheidungen und damit auch nicht aller moralischen Urteile enthalten. Mitunter scheint es ja Fälle zu geben, die uns ein moralisches Urteil unbedingt abnötigen; man denke an KZ-Schergen oder an Kinderschänder, deren Tun zumindest unter den gegebenen gesellschaftlichen Umständen unsere uneingeschränkte moralische Ächtung auf sich zieht. Die skeptische Distanzierung wird mir freilich selbst in solchen Fällen, in denen ich meinen Abscheu unwillkürlich ins Gewand moralischer Ächtung hülle, eine Überprüfung der Adäquatheit moralischer Kategorien abverlangen. Sind nicht da vielmehr die Psychiater oder die Juristen anstelle der Moralisten gefordert (vgl. oben Abschnitt 9)? Gibt es wirklich Fälle, wo nur das moralische Urteil das angemessene Urteil ist? Wenigstens die Moralphilosophen sind bislang den Beweis dafür schuldig geblieben.

Moralaskese heißt nicht vollständige Moralabstinenz. Die dürfte beim gegenwärtigen Entwicklungsstand der Gattung nicht menschenmöglich sein. Der Asket im landläufigen Wortsinn enthält sich der Speisen in rauhen Mengen, er hat seinen Konsum drastisch eingeschränkt, aber nicht dem Konsum ganz abgeschworen. Der Asket ist, von grenzwertig pathologischen Ausnahmen abgesehen, kein Hungerstreikender und nur bedingt ein Hungerkünstler. Aber er nimmt möglichst wenig zu sich. Entsprechend bedeutet Moralaskese nicht, daß man ganz auf Moral verzichtet, sondern ihre Inanspruchnahme, Reichweite und Unhinterfragbarkeit beschneidet. Der Moralasket reduziert den Konsum von Moral auf das Notwendigste – und ist nicht einmal sicher, ob es ein solches notwendiges Moralminimum überhaupt gibt. Dem vertrauensseligen Glauben an die Moral legt die Moralaskese skeptische Hindernisse in den Weg.

Moralaskese – so die moralische Forderung im Maßnahmenkatalog skeptischer Ethik – soll als Lebenspraxis zur Gewohnheit werden. Erst so wird die Moral – und insbesondere die Konfliktträchtigkeit der Moral – neutralisiert (vgl. oben Abschnitt 9). Der Habitus skeptischer Ethik mündet in Gelassenheit, jedoch nicht in stumpfe Apathie. Skeptische Ethik hält die Lebensgeister unentwegt wach, weil sie sich unentwegt gegen moralische Zumutungen in all ihren Metamorphosen und Travestien behaupten muß – und will.

Skepsis macht darauf aufmerksam, wo überall die Lücken des Nichtwissens klaffen, die zu stopfen wären, bevor man eine positive Ethik mit Direktivenkompetenz erfindet. Ist skeptische Ethik eine kritische Reflexionsinstanz auf die Bedingungen und die Möglichkeiten unseres Handelns, aber auch Nichthandelns? Wäre skeptische Ethik wider Erwarten doch «normativ», insofern sie die Handlungs- und Maximenbildungsorientierung an unserem Nichtwissen anstatt an unserem allzu fragmentarischen Wissen nahelegt?

Übung: Überlegen Sie vor dem Schlafengehen, was für Sie Verantwortung bedeutet. Wofür sind Sie verantwortlich und vor wem sind Sie es? Liegt die Unbedingtheit Ihrer Verantwortlichkeit bei jedem Handeln oder Nichthandeln darin, daß Sie für alles verantwortlich sind, Sie jedes Leid auf der Welt angeht und zu sittlichen Taten herausfordert? Oder eher darin, daß Sie die Verantwortung für das, was Sie tun oder nicht tun, an keine übergeordnete, allgemeine Instanz delegieren können?

27. Außenweltgewißheit I: Skeptische Hypothesen

Wie können wir sicher sein, daß die Welt, in der wir zu leben glauben, eine wirkliche Welt und keine Täuschung ist? Ist die Außenwelt so beschaffen, wie sie uns erscheint?

Rätselten Philosophen früherer Jahrhunderte darüber, ob sie träumten, wenn sie zu wachen glaubten, oder ob ihnen ein böser Geist die Außenwelt nur vorgaukle, wird heute darüber debattiert, ob ich nicht bloß ein in einem Tank mit Nährlösung gefangenes Hirn bin, dem durch elektrische Impulse eine Außenwelt untergeschoben wird (vgl. unten Abschnitt 28), die es in Wahrheit gar nicht gibt. Es handelt sich bei Argumentationen dieses Typs um skeptische Hypothesen (vgl. oben Abschnitt 14), die die Möglichkeit zur Diskussion stellen, daß all unsere für wahr gehaltenen Meinungen völlig andere Ursachen haben als wir glauben. Eine skeptische Hypothese macht also einen Vorschlag, wie wir das Zustandekommen der Gesamtheit dessen, was wir für wahr halten, vollständig anders beschreiben könnten als wir es zu tun gewohnt sind. Weshalb aber sollte ich annehmen, daß all die Meinungen, die ich habe, einen völlig anderen Ursprung haben, als ich ihnen bisher zuschrieb? Tatsächlich besteht der Clou skeptischer Hypothesen nicht darin, mir weiszumachen, ich solle nun glauben, alle meine Meinungen hätten einen solchen anderen Ursprung. Sondern der Skeptiker fragt, wie er *ausschließen* will, daß eine skeptische Hypothese wahr sein *könnte*. Er behauptet nicht, seine abwegig erscheinende Hypothese sei wahr, sondern lediglich, daß er, solange er nicht beweisen kann, daß sie falsch ist, auch keinen Anspruch darauf erheben kann, irgendetwas über die wahre Welt zu wissen.

Empirische Argumente taugen zur Abwehr skeptischer Hypothesen offenkundig nicht viel. Denn die empirischen Evidenzen, die wir zu haben glauben und mit deren Hilfe wir die skeptischen Hypothesen zurückweisen wollen, sind ja für den Skeptiker auch nur Bestandteil jener Meinungswelt, deren Übereinstimmung mit der Wirklichkeit wir nicht überprüfen können. Wenn eine der skeptischen Hypothesen wahr wäre, hätten wir keine anderen «Wahrnehmungen» und Evidenzen als wir sie haben, wenn keine skeptische Hypothese zutrifft. Skeptische Hypothesen bestreiten nicht, daß ich all diese Meinungen habe, die ich habe, und daß ich sie so habe, wie ich sie habe. Sie provozieren lediglich die Frage, woher ich die Gewißheit habe, daß diese Meinungen so generiert worden sind, wie ich es anzunehmen gewohnt bin. Ich müßte also, um meinen Anspruch auf Wissen und auf die Wahrheit meiner Meinungen zu begründen, entweder den direkten Beweis führen, daß das, was die skeptischen Hypothesen als Möglichkeiten hinstellen, falsch ist, oder ich müßte die Relevanz der skeptischen Hypothese für meine alltäglichen und/oder wissenschaftlichen Erkenntnisansprüche minimieren.

Peter Bieri (geboren 1944) hat darauf hingewiesen, daß zwar meine Meinungen für mich distinkt und klar sein können, aber keine Auskunft darüber geben, wie sie entstanden sind (Analytische Philosophie, S. 294 f.). Wer gegen skeptische Hypothesen generell einwendet, sie seien nicht kohärent, weil sie sich aus Elementen unserer normalen Überzeugungen zusammensetzten, zum Beispiel auf die Vorstellung der Kausalität zurückgriffen, die sie andererseits verwürfen, wird damit der skeptischen Anfrage nicht gerecht. Denn die verheimlicht keineswegs, daß sie auch nur die Elemente unseres normalen Überzeugungsschatzes zur Verfügung hat. Der Sinn dieser Anfrage liegt nicht darin, ein neues Weltbild zu erschaffen, sondern das landläufige Weltbild zu problematisieren. Ebensowenig hilft es, wenn man den Skeptiker bezichtigt, er nehme mit seinen Behauptungen Wahrheit für seine Aussagen in Anspruch und falsifiziere so seine Hypothese, daß alle Meinungen, also auch die des Skeptikers, falsch sein könnten. Dieses Widerspruchsargument wird in den antiskeptischen Diskussionen seit der Antike vorgetragen. Aber es sticht allein gegen die negativ-dogmatischen Skeptiker: Nur wer die Wahrheit von Aussagen wie «nichts ist wahr» behauptet, widerspricht sich. Demgegenüber sind sich Pyrrhoneer wie Sextus Empiricus sehr wohl bewußt, daß die Aphasie, die Sprachlosigkeit, letztlich die angemessene Haltung des Skeptikers ist, es sei denn, man fiktionalisiert das eigene Sprechen (vgl. oben Abschnitt 16).

Wenig zweifelsresistent erscheinen auch transzendentalphilosophische Argumente gegen die skeptischen Hypothesen. So will man beispielsweise den Skeptiker in Schranken weisen, indem man zeigt, daß wir aufgrund unserer intellektuellen und physiologischen Ausstattung unsere Meinungen und damit unsere Welt auf *bestimmte* Weise verstehen müssen. So sei der Skeptiker für seine Behauptung, es gebe möglicherweise Alternativen zu unseren gewöhnlichen Weisen, die Welt zu verstehen, auf Versatzstücke der bisherigen Verständnisweisen angewiesen und könne also gar keine Alternative dazu vorstellen. Abgesehen davon, daß es wie gesagt sehr fraglich ist, ob derjenige, der skeptische Hypothesen aufstellt, überhaupt eine solche alternative Weise, die Welt zu verstehen, entwerfen will, wird der Skeptiker darauf hinweisen, daß selbst wenn es ausgemacht sein sollte, daß wir die Welt auf bestimmte Art und Weise verstehen müssen, daraus keineswegs folgt, daß die Welt so ist, wie wir sie verstehen. Und allein darauf wollen die skeptischen Hypothesen aufmerksam machen.

Ebensowenig verfängt der Wahrscheinlichkeitseinwand, die skeptischen Hypothesen seien derart unwahrscheinlich, daß sie nicht genügend Gründe böten, derentwegen Zweifel an unserem Wissen gerechtfertigt wäre. Der Punkt ist, daß es für die Zurückweisung der skeptischen Hypothesen nicht reicht, sich auf Plausibilitäten unseres gewohnten Weltbildes oder auf «relevante Alternativen» zu berufen. Der Skeptiker bestreitet ja nicht, daß wir unsere alltäglichen Meinungen normalerweise nicht mit skeptischen Hypothesen abgleichen. Zur Rechtfertigung unserer alltäglichen Meinungen genügt häufig der Nachweis innerer Widerspruchsfreiheit – also der Konsistenz – sowie der Kohärenz, daß sie nämlich zu anderen gerechtfertigten Meinungen passen. Der Skeptiker fragt bloß, ob dieser Nachweis hinreichend ist, um Wissensansprüche im emphatischen Sinn zu erheben. Als Pyrrhoneer wird er auch nicht behaupten, es sei unmöglich, diesen Nachweis zu erbringen, sondern bleibt im Gestus des Fragens, selbst da, wo er seines eigenes Wissens ungewiß ist: *Nec unum hoc scio, me nihil scire. Coniecto tamen nec me, nec alios* («Ich weiß nicht einmal das eine, daß ich nichts weiß. Ich vermute dennoch, daß dies sowohl für mich wie für andere zutrifft»), wie es Francisco Sanches (1551–1623) ausgedrückt hat (Quod nihil scitur, S. 95).

Vielleicht erinnert der Skeptiker daran, daß es für Wissen nicht ausreicht, eine wahre, gerechtfertigte Meinung zu haben (Gettier, Knowledge) – wie viel weniger dann eine Meinung, die zwar gerechtfertigt ist, über deren Wahrheit wir jedoch nichts wissen. Eine solche skeptische Haltung ist mit allen sogenannten verifikationistischen Theorien unvereinbar, denen zufolge ein Satz für uns nur dann sinnvoll sein kann, wenn feststellbar ist, ob er wahr ist. Da wir bei skeptischen Hypothesen nicht feststellen können, ob sie wahr oder falsch sind, und weil die Theorie des Skeptikers keine ideale, methodisch vollkommene Theorie ist, innerhalb deren sich allein Wahrheit aussagen läßt, können Verifikationisten den damit gemeinten Gedanken gar nicht verstehen (Bennett, Argumente, S. 370–372 und 380–382). Der Skeptiker wird die verifikationistische Voraussetzung, wonach es Wahrheit nur im Hinblick auf methodisch bestimmte Theoriekonstrukte gibt, einfach nicht teilen, sondern sich auf ein realistisches *common-sense*-Verständnis von Wahrheit berufen, nämlich im Sinne einer Übereinstimmung von Sein und Denken (*adaequatio rei et intellectus*). Und wie soll ich in Erfahrung bringen, ob zum Beispiel die Hypothese von der Täuschung durch einen bösen Geist nicht dem wirklichen Sein entspricht, wo mir doch das Sein nie unabhängig von meiner Wahrnehmung, meinem «Denken» gegeben ist? Bin ich bei alledem verurteilt, jegliche Wissensansprüche preiszugeben und mich zumindest der *Möglichkeit* zu unterwerfen, daß eine der skeptischen Hypothesen zutrifft?

Übung: Wie würden Sie Ihr Leben gestalten, wenn Sie wüßten, daß Sie all das, was Ihr Leben ausmacht, nur träumen? Wie gestalten Sie Ihr Leben, wenn Sie den Verdacht nicht ausräumen können, daß Sie Ihr Leben träumen?

28. Außenweltgewißheit II: Gehirne im Tank

Skeptische Hypothesen scheinen gegen vorschnelle pauschale Widerlegungen gefeit zu sein. Aber wie steht es, wenn man die antiskeptischen Anstrengungen gegen eine einzelne skeptische Hypothese bündelt?

Die sogenannte *Brain-in-vat*-Hypothese hat ihre klassische Formulierung in Hilary Putnams (geboren 1926) Buch *Reason, Truth and History* gefunden. Es handelt sich um ein zeitgemäßes «Update» des *Genius-malignus*-Arguments (vgl. oben Abschnitt 14): «Man stelle sich vor, ein Mensch […] sei von einem bösen Wissenschaftler operiert worden. Das Gehirn [*brain*] dieser Person […] ist aus dem Körper entfernt worden und in einen Tank [*vat*] mit einer Nährlösung, die das Gehirn am Leben erhält, gesteckt worden. Die Nervenenden sind mit einem superwissenschaftlichen Computer verbunden worden, der bewirkt, daß die Person, deren Gehirn es ist, der Täuschung unterliegt, alles verhalte sich völlig normal. Da scheinen Leute, Gegenstände, der Himmel usw. zu sein, doch in Wirklichkeit ist alles, was diese Person […] erlebt, das Resultat elektronischer Impulse, die vom Computer in die Nervenenden übergehen. Der Computer ist so gescheit, daß, wenn diese Person ihre Hand zu heben versucht, die Rückkopplung vom Computer her bewirkt, daß sie ‹sieht› und ‹fühlt›, wie die Hand gehoben wird. Darüber hinaus kann der böse Wissenschaftler durch Wechsel des Programms dafür sorgen, daß sein Opfer jede Situation oder Umgebung nach dem Willen des bösen Wissenschaftlers ‹erlebt› (bzw. halluziniert). Er kann auch die Erinnerung an die Gehirnoperation auslöschen, so daß das Opfer den Eindruck hat, immer schon in dieser Umwelt gelebt zu haben.» (Vernunft, S. 21) Putnam fragt nicht, ob es möglich ist, daß wir Gehirne im Tank sind bzw. nicht sind. Seine Frage lautet vielmehr: «Könnten wir, falls wir in dieser Weise Gehirne in einem Tank wären, *sagen* oder *denken*, daß wir es sind?» (S. 23) Das heißt, auch wenn seine Antwort negativ ausfiele – und, soviel vorweg, sie tut es –, bedeutet dies nicht, daß wir damit keine Gehirne im Tank sind.

Das *Brain-in-vat*-Gedankenexperiment steht also wie das *Genius-malignus*-Gedankenexperiment in strategischen Kontexten. Der jeweilige Verfasser beabsichtigt nicht, Skepsis zu begünstigen, sondern zu instrumentalisieren: Putnam zur Demonstration einer bestimmten Bedeutungstheorie, Descartes zur Neubegründung von Wissenschaft. Wohlweislich argumentiert Putnam gar nicht direkt gegen die Skepsis, sondern nur dagegen, daß wir, falls wir Gehirne im Tank wären, auch aussagen könnten, daß wir es sind. Das *Brain-in-vat*-Gedankenexperiment ist bei ihm Bestandteil einer Polemik gegen «magische Theorien der Bezugnahme» (S. 17), die von einem quasi magischen Zusammenhang zwischen Namen und damit benanntem Gegenstand ausgehen. Bedeutungen sind Putnam zufolge nicht irgendwie im Kopf vorhanden und werden dann Gegenständen zugeordnet. Vielmehr entstehen Bedeutungen nur da – das meint «semantischer Externalismus» –, wo es eine kausale Beziehung zwischen einem Gegenstand und dem Namen gibt, den wir dafür verwenden. Bezugnahme oder Repräsentation ist nur da vorhanden, wo eine solche tatsächlich stattfindet. So nimmt eine Ameise, die scheinbar das Bild Winston Churchills in den Sand zeichnet, nicht auf Churchill Bezug, ebensowenig wie der Bewohner einer Welt, in der es keine Bäume gibt, beim Anblick eines Bildes mit einem Baum auf einen Baum Bezug nehmen kann.

Welche Konsequenz hat Putnams semantischer Externalismus nun für ein etwaiges Gehirn im Tank? Dieses Gehirn, wenn es denn ein Gehirn im Tank ist, könnte gar nicht denken, daß es ein Gehirn im Tank ist. Es könnte, da es nie einen wirklichen Tank hat sehen können, gar keinen wahren Begriff von einem solchen Tank bilden: Das Gehirn im Tank könnte sich nicht auf einen Tank beziehen, da all das, was es sieht, hört, schmeckt, tastet, nur bio-elektrisch erzeugte Vorspiegelungen, aber keine realen Dinge wären. Nach Putnam widerlegt sich somit die Annahme, daß ich ein Gehirn im Tank bin, von selbst. Das Wort «Tank» habe in «Tank-Deutsch» keinen kausalen Zusammenhang mit wirklichen Tanks. Derjenige, der ein Gehirn im Tank ist, vermag nicht zu sagen oder zu denken, er sei ein Gehirn im Tank, weil er von Tank keinen Begriff bilden kann, der wahr ist.

Nach Anthony L. Brueckner und Peter Bieri sticht Putnams

Argument gegen die *Brain-in-vat*-Hypothese nur dann, wenn derjenige, der sich seiner bedient, kein Gehirn im Tank ist, denn nur ein solcher Mensch könne einen Unterschied zwischen dem benennen, was Menschen meinen, die keine Gehirne im Tank sind, und was solche meinen, die es sind. Diese Schwäche von Putnams Argument ließe sich zwar mit der Zusatzannahme beheben, daß Gehirne im Tank «nur ganz matte Gedanken über eine dürftige Umgebung denken» könnten, unsere Gedanken außerhalb des Tanks hingegen subtil und reich seien (Bieri, Analytische Philosophie, S. 306). Aber weshalb sollte ein Skeptiker derart weitreichende Konzessionen machen? Wie sollte er über die Bewußtseinszustände von Gehirnen inner- und außerhalb des Tanks Bescheid wissen? Wie sollte er wissen, daß wir wissen, was für Gedanken wir denken – ob wir wirklich auf Dinge «da draußen» Bezug nehmen und nicht auf Vorstellungen von Dingen, von denen wir fälschlich meinen, es seien Dinge «da draußen»? Schon Gottlob Ernst Schulze hat daran erinnert, daß die Anwendung des Ursachenbegriffs auf das «Ding an sich», also auf die wirkliche Welt, unstatthaft ist und wir daher nicht wissen könnten, welche kausalen Beziehungen es zwischen der wirklichen Welt und unseren Vorstellungen gibt (vgl. Aenesidemus, S. 96). Damit hat man das Paradigma von Putnams semantischem Externalismus verlassen. Aber weshalb sollte der Skeptiker auf dieses Paradigma bauen?

Gegen den Versuch, mittels semantischem Externalismus die Unhaltbarkeit einer skeptischen Position aufzuzeigen – wenn ich ein Gehirn im Tank wäre, wäre der Gedanke «ich bin ein Gehirn im Tank» kein sinnvoller Gedanke –, wendet sich auch Thomas Nagel (geboren 1937). Nagel weist darauf hin, daß ich durchaus einen Ausdruck verwenden kann, der nichts bezeichnet, gesetzt, ich habe einen Begriff davon, unter welchen Bedingungen er etwas bezeichnen würde. So darf man sehr wohl über die Nichtexistenz von Geistern reden (View, S. 72).

Noch einmal die eingangs zitierte Passage, diesmal im englischen Originalwortlaut: «Imagine that a human being […] has been subjected to an operation by an evil scientist. The person's brain […] has been removed from the body and placed in a vat […].» (Brains, S. 30) Was fällt auf? Putnam schildert das Geschehen im Perfekt – er schildert es so, als ob das fragliche Gehirn erst in einen Tank gesteckt worden wäre, während es davor anscheinend eine normale körperliche Existenz gefristet hatte. Aber genau für diesen Fall bietet er keine Erklärung, denn ein solches erst im Laufe der Zeit «eingetanktes» Gehirn («envatted brain») kann sich nach den Kriterien des semantischen Externalismus sehr wohl auf die reale Außenwelt beziehen, weil ja seine Vorstellungen von Tank, Gehirn etc. durch echte Kausalbeziehungen zu Objekten in der realen Außenwelt bestimmt worden sind (vgl. Warfield, Knowledge, S. 87 f.). Das Argument, wonach Gehirne im Tank nicht aussagen konnten, sie seien Gehirne im Tank, trifft allenfalls für jene Gehirne im Tank zu, die immer schon im Tank waren, aber nicht für jene Gehirne im Tank, die wie in Putnams Schilderung das Tankschicksal erst im Laufe ihres Lebens ereilt. Leicht ließe sich also die skeptische *Brain-in-vat*-Hypothese so reformulieren, daß ihr die Erledigungsstrategien des semantischen Externalismus nichts anhaben: Ich weiß nicht, ob ich nicht bloß ein Gehirn bin, das jüngst oder schon vor langer Zeit in einen Tank mit einer Nährlösung eingesperrt worden ist, etc. Die Erzählung vom Gehirn im Tank entwickelt unversehens eine zweifelsträchtige Eigendynamik.

Solange skeptische Hypothesen nicht umfassend und restlos zufriedenstellend auszuräumen sind, und solange es keine Gewähr gibt, daß vermeintlich erledigte skeptische Hypothesen nicht in modifizierter Form wiederkehren, haben sie eine Reichweite, die über Erkenntnistheorie im engeren Sinne hinausreicht und viele Bereiche unseres Lebens betrifft. Wenn der Boden der Erkenntnis schwankend ist, wäre es womöglich angeraten, Ethik so zu denken, daß sie selbst dann Bedeutung behielte, wenn wir bloß Gehirne im Tank wären. Und selbst wenn sich im Bereich der Erkenntnistheorie skeptische Hypothesen wie *brains in vat* endgültig falsifizieren ließen, bedeutete das noch keineswegs, daß wir den Bereich menschlichen Handelns vor Skepsis sicherstellen können (vgl. oben Abschnitt 26). Der Unsicherheits- und damit der Zweifelsfaktor ist in der Ethik viel größer als in der Erkenntnistheorie. Wir wissen in der Ethik nicht einmal, was wir wissen wollen, und ob es in der Ethik überhaupt etwas zu wissen gibt.

Übung: Wäre es nicht eine Lust zu leben, wenn Sie ein Gehirn im Tank wären?

29. Freiheit

Wären wir Gehirne im Tank (vgl. oben Abschnitt 28), könnten wir dann frei sein? Inwiefern sind wir es, falls wir keine Gehirne im Tank sein sollten?

Das Gefühl, daß ich frei entscheiden kann, ob ich jetzt die Augen schließen will oder nicht, läßt sich kaum wegreden. Aber dieses Gefühl ist noch kein Freiheitsbeweis. Bin ich ein Gehirn im Tank, fehlen mir nicht nur die Augen, die ich zu schließen meine, sondern ich kann nicht einmal die Möglichkeit abweisen, daß meine scheinbar freie Absicht, die Augen zu schließen, auch bloß auf einen Computerimpuls zurückzuführen ist, der das Gehirn dazu bestimmte, die Willensregung des Augenschließens hervorzurufen. Aber um Zweifel an der Faktizität meiner Freiheit zu nähren, bedarf es keiner skeptischen Hypothesen: Denn was beweist mir, daß meine scheinbar freie, ganz spontane Willensregung nicht verursacht wird durch äußere Einflüsse, denen mein Sinnesapparat und mein Gehirn unentwegt ausgesetzt sind? Und selbst wenn es mir gelänge, solche äußeren Einflüsse auszuschließen, was bewiese mir dann, daß es nicht die schiere Stofflichkeit meines Gehirns ist, die mir die Willensregung diktiert? Ist der freie Akt ein Resultat bestimmter Synapsenschaltungen und anderer biochemischer Prozesse? Muß ich das nicht annehmen, solange ich nicht darauf beharre, daß mein Bewußtsein und meine Willensbildung unabhängig von der materiellen Organisation meines Gehirns funktionieren? Wenn ich einem solchen Dualismus von Geist und Materie huldige, müßte ich unter anderem erklären, wie eine Wirkung von Geist auf Materie möglich sein sollte.

Wer sich nicht auf einen solchen Dualismus zurückziehen will (*will*?), wird kaum zwingende Gründe dafür beibringen können, daß sich seine scheinbar freien Willensregungen nicht auf äußere oder innere Determinanten zurückführen lassen. Selbst wenn ich meinem Bewußtsein eine beschränkte Freiheit zuschreibe, verfüge ich doch nicht über die Bedingungen der Möglichkeit dieser Freiheit: Ich kann beispielsweise nicht über meine gehirn- und sinnesphysiologische Ausstattung verfügen (oder doch nur indem ich sie vernichte und mich selbst damit). Ich kann nur das denken, wollen und wahrnehmen, was mir im Rahmen dieser Ausstattung zu denken, zu wollen und wahrzunehmen erlaubt ist. Falls mir so etwas wie Freiheit vergönnt sein sollte, dann nur eine bedingte Freiheit, eine Freiheit im Rahmen der Möglichkeiten, die mir meine physische und psychische Natur eröffnet. Es ist mir unvorstellbar, welche Möglichkeiten mir dadurch verschlossen sind.

Daß die äußere Welt, in der ich mich als raumzeitliches Wesen zu bewegen wähne, solange mir nicht eine skeptische Hypothese plausibler erscheint (vgl. oben Abschnitt 27), meiner Freiheit gleichfalls markante und unüberwindliche Grenzen setzt, ist ebenfalls schwer von der Hand zu weisen (vgl. oben Abschnitt 1). Als raumzeitliches Wesen befinde ich mich stets in ganz konkreten äußeren Umständen, die mir nur ganz bestimmte Handlungs-, Empfindungs- und Denkmöglichkeiten eröffnen. Sitze ich am Schreibtisch vor einem Blatt Papier, kann ich nicht ohne weiteres die Empfindungen hegen, die ich hätte, wenn ich mich im Schwimmbecken befände oder mich rasierte. Allerdings sind in diesem Beispiel die konkreten Umstände leicht so zu verändern, daß sich die zunächst verschlossenen Handlungs-, Empfindungs- und Denkmöglichkeiten verwirklichen lassen. Ich kann den Schreibtisch verlassen und mich ins Schwimmbad oder ins Badezimmer begeben. Aber andere Möglichkeiten bleiben mir im Rahmen meiner Lebensumstände prinzipiell verschlossen: So werde ich zum Beispiel nie empfinden können, wie ein chinesischer Kaiser empfand.

Die Freiheit, die bei alledem übrigbleibt, ist also eine in vielerlei Hinsichten bedingte Freiheit. Ist da Grund genug, um an der Idee der Freiheit zu verzweifeln und sich wie ein Pyrrhoneer zum Spielball der Umstände zu machen, in der vagen Hoffnung, mit der völligen Vergleichgültigung dieser Umstände stelle sich eine Freiheit der Seele ein? Oder ist es im Gegenteil Anlaß, die vielfältige Bedingtheit meiner Existenz als Bedingung für konkrete Freiheit zu begreifen, nämlich für Freiheit, die sich als Wahl zwischen konkreten Möglichkeiten unter konkreten raumzeitlichen Bedingungen im Rahmen meiner sinnes- und gehirnphysiologischen Ausstattung verwirklicht? Wäre das nicht genügende, eben menschenmögliche Freiheit?

Immerhin ist nicht auszuschließen, daß mir derartige Freiheit in

Maßen gegeben ist: Freiheit in Umständen, unter denen vieles unmöglich, aber auch einiges möglich ist. Das wiederum dürfte für die Praxis des Skeptikers – der zwar nicht ausschließen kann, daß er in seinem Denken, Empfinden und Handeln vollständig determiniert wird, aber ebensowenig die weitgehende Indeterminiertheit seines Denkens, Empfindens und Handelns – bedeuten, daß er sich für die größtmögliche Erweiterung seiner Spielräume einsetzt, solange er dadurch nicht die Spielräume anderer Menschen beschneidet. Der Skeptiker kann, wenn er etwa wie John L. Mackie (1917–1981) als ethischer Skeptiker «zweiter Ordnung» bezweifelt, daß es «objektive Werte» gibt, die «zur Struktur der Wirklichkeit» gehören (Ethik, S. 11), sehr wohl «sehr feste moralische Überzeugungen, sogar völlig konventionelle, vertreten und zugleich behaupten, dabei handle es sich nur um von ihm selbst und anderen eingenommene Einstellungen und praktische Verhaltensmuster» (S. 13). Er kann also durchaus moralische Urteile erster Ordnung fällen; er kann Präferenzen haben, die ihm Freiheit als einen, *seinen* Wert erscheinen läßt. Mit Rorty ließe sich feststellen, «daß eine Überzeugung auch dann noch das Handeln regulieren, auch dann wert sein kann, daß man das Leben für sie lässt, wenn die Träger dieser Überzeugung dessen gewahr sind, daß sie durch nichts anderes verursacht ist als durch kontingente historische Bedingungen» (Kontingenz, S. 306).

Benötigt man, um sich frei zu fühlen, einen unwiderleglichen Beweis, daß es Freiheit gibt? Oder ist Freiheit, ist Spielraumerweiterung nicht gerade dann eine Verlockung, wenn sie sich nicht definitiv beweisen läßt? Der Spielraum – auch der Spielraum des Nichtwissens – ist womöglich größer als man gewöhnlich glaubt.

Übung: Vergegenwärtigen Sie sich drei Situationen des heutigen Tages, von denen Sie glauben, frei entschieden zu haben: Sie sind nicht in die Betriebskantine gegangen, sondern haben einen Döner gekauft. Sie haben endlich den Beschwerdebrief an die Hausverwaltung geschrieben, daß die Treppenhausreinigung nicht ordentlich gemacht werde. Sie haben sich entschlossen, nun doch auf einen Toskana-Urlaub zu verzichten. Was wäre anders, wenn für jede dieser Entscheidungen nicht Ihre Freiheit, sondern ausschließlich äußere Einflußfaktoren verantwortlich wären: die Ungenießbarkeit des Kantinenessens, die sarkastische

Bemerkung einer Freundin über den Schmutz in Ihrem Treppenhaus, die Kürzung des Urlaubsgeldes? Würden Sie sich nurmehr für eine Marionette zufälliger Umstände halten und daran zweifeln, daß Sie eine selbständige, freie Person sind? Oder ist gerade der Umstand, daß Sie daran zweifeln können, ein starkes Freiheitsindiz?

30. Macht und Institutionen

Freiheit bedeutet auch, der Macht der Umstände und der anderen Menschen nicht restlos ausgesetzt zu sein. Selbstermächtigung lautet dementsprechend eine beliebte philosophische Maxime. Wie aber vermag ich im Gefüge der lebensregulierenden Institutionen Selbstermächtigung zu erlangen?

Thomas Hobbes (1588–1679) schildert anschaulich, wie der Staat als Zentralisierung souveräner Macht aus dem individuellen Bedürfnis nach Sicherheit und Frieden zustande kommt. Das natürliche Recht der als radikal vereinzelt gedachten Menschen besteht nach Hobbes im Naturzustand darin, die natürliche physische Macht zur Selbsterhaltung anzuwenden (Leviathan I 14, S. 99). Aber dem Selbsterhaltungsinteresse sei besser gedient, wenn sich die Menschen durchringen zu einer «Übertragung ihrer gesamten Macht und Stärke auf einen Menschen oder eine Versammlung von Menschen, die ihre Einzelwillen durch Stimmenmehrheit auf einen Willen reduzieren können» (II 17, S. 134). Sie nehmen eine Beschneidung ihres natürlichen Rechts in Kauf und unterwerfen sich gesellschaftlichen Institutionen, um ihr Leben besser zu schützen und somit zu verlängern. Zwar büßen sie die schrankenlose Freiheit oder Macht zur Willkür ein, die sie im (hypothetischen) Naturzustand gehabt haben mögen: Jeder solle «sich mit so viel Freiheit gegenüber anderen zufrieden geben, wie er anderen gegen sich selbst einräumen würde» (I 14, S. 100). Freiheit bedeutet dabei bei Hobbes nicht Willensfreiheit in emphatischem Sinn (vgl. oben Abschnitt 29), sondern nur die Abwesenheit von äußeren Hindernissen: Der Mensch erscheint als Körper unter Körpern. Aber – so darf man im Anschluß an Hobbes mutmaßen – erst im vertragsförmigen Eingebundensein werden die Menschen Veranlassung haben, so etwas wie Freiheit zu schätzen und zu realisieren. Erst durch die Erfahrung von wiederkehrendem, berechenbarem, institutionalisiertem Widerstand ist Freiheitsempfinden möglich.

Was Hobbes als den Abschluß eines ursprünglichen Vertrages darstellt, durch den die Individuen einen Gutteil ihrer Willkürfreiheitsrechte an einen ordnungsstiftenden Souverän abgegeben, läßt sich als Prozeß der Vergesellschaftung und Einpassung der Individuen in Institutionen verstehen. Institutionen sind beschreibbar auf Dauerhaftigkeit angelegte, künstliche Gebilde zur Organisation und Regulierung der gesellschaftlichen Funktionsfähigkeit mit weitreichender Disziplinierungs- und Normierungskompetenz. Erst dank Institutionen ist eine Gesellschaft einigermaßen stabilisierbar. Ohne Institutionen gibt es keine Gesellschaft.

Das bedeutet auch, daß Macht auf Individuen vorwiegend auf institutionellem Weg ausgeübt wird: Politische Gremien, Verwaltungen, Ehe, Religion, Wirtschaftsunternehmen sind Organe, die Macht auf Individuen ausüben. Zugleich sind sie institutionelle Orte, an denen sich ein Individuum plazieren muß, wenn es seinen eigenen Willen zur Macht nicht als partisanenhaften Individualwillen verwirklichen will, der sich in Gestalt des Intellektuellen oder des Amokläufers gegen institutionelle Macht (überhaupt) wendet. Macht wird, von Ausnahmen abgesehen, in institutionellen Rahmen verwirklicht. Jeder, der sich in institutionelle Rahmen einfügt, unterliegt der Machtausübung und ist zugleich Machtausübender: Er unterliegt der Macht, insofern er sich Mächtigeren und den Regeln der Institution fügen muß (selbst dann, wenn er sie radikal umgestalten will); er übt Macht aus, insofern er, selbst auf der niedrigsten Hierarchiestufe, über die in seinem Funktionsbereich liegenden Dinge verfügt. Macht wäre damit nicht nur «jede Chance, innerhalb einer sozialen Beziehung den eigenen Willen auch gegen Widerstreben durchzusetzen, gleichviel worauf diese Chance beruht» (Weber, Wirtschaft, § 16, S. 28), sondern eine solche Chance in jedem Weltverhältnis (und Selbstverhältnis), also in der sozialen Beziehung ebenso wie im Umgang mit der unbelebten Natur. Auch der Arbeiter, der am Fließband die Flaschenkorken befestigt, die der Maschine entgangen sind, übt Macht aus.

Ein moderner Skeptiker braucht nicht den düsteren Prophezeiungen aus manchen Kuschelecken der Kritischen Theorie und des Poststrukturalismus zu verfallen, das Individuum sei einer schleichenden Identitätserosion durch die Allgegenwart institutionell ausgeübter und institutionell drohender Macht ausgesetzt, die es zu absoluter Konformität zwinge. Er plädiert nicht aus Prinzip für das Aufbegehren, für die partisanenhafte oder terroristische Selbstermächtigung des Individuums gegen gesellschaftliche Macht. Weiß er doch nicht einmal, ob nicht selbst das sogenannte Individuum ein künstliches Gebilde, eine gesellschaftliche Institution ist – so fragil und vergänglich, so stabil und dauerhaft wie andere Institutionen auch.

Der Skeptiker wird weniger die Allgegenwart von Macht und den daraus resultierenden Konformitätszwang anprangern. Eher fällt ihm auf, daß die Allgegenwart von Macht in den unterschiedlichsten Richtungen, in denen sie ausgeübt wird, zur gegenseitigen Neutralisierung, zu einem ständig sich neu generierenden Gleichgewicht der Mächte führt. Die gegenseitige Neutralisierung eröffnet individuelle Freiheits-, soll heißen, Denk- und Handlungsspielräume. Institutionen als Kanalisationen von Machtausübungen und Machtausübungsbedürfnissen sind – im übrigen nicht nur in demokratischen Gesellschaften – darauf angelegt, sich gegenseitig zu neutralisieren, weil sie sich in ihren Gegenstandsbereichen und Reichweiten sowohl unterscheiden wie miteinander konkurrieren. Es ist kaum vorstellbar, daß eine Gesellschaft nur aus einer einzigen Institution besteht, die schlechterdings alle Lebensbereiche kontrolliert und reglementiert. Selbst in Diktaturen sind unentwegt Auseinandersetzungen rivalisierender Institutionen im Gange, die allerdings auch eine Steigerung von staatlichem Terror und Unterdrückung bewirken können: Die Auseinandersetzungen verstärken den Profilierungsdruck auf die einzelnen Institutionen, die dann zu radikalem Gebaren neigen: Plötzlich handelt man so, wie man ohne institutionelle Rivalitäten (und Rückendeckung) nie zu handeln gewagt hätte.

Unendliche Variationen institutioneller Neutralisierungen sind denkbar. Nicht alle sind positiv, aber alle illustrieren sie, daß sich eine Uniformität der Machtausübung und -ausrichtung selbst verhindert, und zwar dank Institutionen. Gesellschaftliche Stabilität ist mithin institutionellen Neutralisierungsprozessen geschuldet, aber nicht jeder institutionelle Neutralisierungsprozeß führt zu Stabilität. Der moderne Skeptiker wird daher kaum jede Machtausübung von Institutionenseite und jede institutionelle Macht- und Reichweitenkonkurrenz gutheißen. Da kann er sich Kritik beliebig vorbehalten. Worauf es ihm ankommt, ist nur die Vermutung, daß weder Macht noch Institutionen *per se* böse oder freiheitsfeindlich sind. In die skeptische Tradition von Pyrrhon bis Odo Marquard ist ein häufig konservativ gefärbter Institutionalismus eingeschrieben, der von der Einsicht zehrt, daß mir Institutionen eine unendliche Fülle von Entscheidungen abnehmen. Wenn ich all diese Entscheidungen selbst fällen müßte – und im Hobbes'schen Naturzustand wäre ich dazu verurteilt –, kein Schritt und keine Handlung durch Üblichkeiten vorgegeben oder angeleitet wären, hätte ich keinerlei Chance, mich mit den Dingen abzugeben, die mir mein Leben erst interessant machen. Ich wäre so beschäftigt, all das zu erledigen, was im gesellschaftlichen Gefüge durch Institutionen, durch institutionelle Machtausübung erledigt wird, daß mir keine Spielräume des Nichthandelns blieben – keine Spielräume ohne bleischweren Erledigungsdruck.

Wenn ich dazu neige, einen skeptischen Institutionalismus zu empfehlen, wäre dies demnach ein Institutionalismus, der sich sowohl aus der Mutmaßung nährt, daß machtausübende Institutionen die Tendenz haben, sich gegenseitig zu neutralisieren, als auch aus der Mutmaßung, daß Institutionen mir bei unzähligen Entscheidungen zuvorkommen, die selber zu fällen meine Lebenszeit nicht ausreicht. Es ist ein skeptischer Institutionalismus, der sich konkreten Institutionen gegenüber seinen Zweifel vorbehält und im Einzelfall sehr genau prüfen wird, ob die situativ erforderlichen Spielräume gegeben sind. Der moderne Skeptiker wird vielleicht vermuten, daß gerade im Verzicht auf Eigen- und Gegenmacht ein Ausdruck von Macht bestehe. Institutionen gewähren dem skeptischen Individuum Verzichtsmacht, Delegierungsmacht, Machtverzichtsmacht, Machtdelegierungsmacht.

Übung: Was geschieht, wenn Sie Ihre Machtbedürfnisse institutionalisieren? Wenn Sie sie im Namen der Familie, des Betriebes, einer bestimmten Religion vorbringen, werden Sie einen erheblichen Legitimationsbonus verbuchen können: Sie sprechen nicht mehr in eigenem Namen und auf eigene Rechnung, sondern für etwas Großes, dem Individuum Übergeordnetes. Jetzt versuchen Sie, auf all diese Deckung zu verzichten und Ihre Machtbedürfnisse unverhohlen als Ihre eigensten Bedürfnisse kundzutun. Was geschieht? Werden Sie oder Ihre Bedürfnisse institutionell neutralisiert?

31. Tod

Ist der Tod gegen alle Zweifel resistent? Scheitert am Tod nicht jedes skeptische Bemühen?

In einem Campus-Roman von David Lodge (geboren 1935) erscheint der Tod als «das einzige Konzept, das sich nicht dekonstruieren lässt». «Ich kann sterben, deshalb bin ich» (Welt, S. 398). Wenn die bis vor kurzem noch so modische Dekonstruktion am Tod aufläuft, wie sollte sich der altbackene Zweifel gegen ihn behaupten? Aber muß der Zweifel sich gegen den Tod behaupten? Er könnte sich ja auch im Namen des Todes gegen das Leben richten, es für nicht lohnend erachten. Jedoch können nur lebende Wesen zweifeln. Daraus haben Descartes (vgl. oben Abschnitt 14) und bereits der Kirchenvater Aurelius Augustinus (354–430) ein antiskeptisches Argument für die Existenzgewißheit gezimmert: Wenn ich mich täuschen kann, bin ich (Gottesstaat XI 26, Bd. 2, S. 43). Ich zweifle, also bin ich (Descartes, Meditationen II, S. 45). Jedoch sagt das Vorhandensein des Zweifels noch nichts über Natur und Existenzart des Zweifelnden aus. Ein «Ich» ist damit nicht bewiesen.

Solange der Zweifel da ist, ist etwas – was auch immer –, während der Tod Nichtsein ist oder Nichtmehrsein. Ist er eingetreten, ist auch kein Zweifel mehr. Wir – wer oder was immer die «Wir» sein mögen – sind offenkundig am Leben, solange wir über den Tod nachdenken. Insofern ist vielleicht das Leben und nicht der Tod gegen den Zweifel resistent. Wie soll man am Nichtmehrsein oder am Nichtsein zweifeln? Ist da etwas, woran man zweifeln könnte? Mehr als eine Metapher des Verschwindens und des Verschwundenseins? Man mag zwar davon sprechen, es gebe Tote, wenn man zum Ausdruck bringen will, daß Lebewesen nun keine Lebewesen mehr seien. Wer oder was ist aber «der Tod»? Die Bedingung der Möglichkeit des Nichtmehrseins der Lebewesen, dieses Nichtmehrsein selbst oder einfach nur eine unzulässige Verallgemeinerung? Die Gegenfrage, die sich erhebt, ist unvermeidlich die, was «das Leben» sei. Gibt es irgendwo hinter lebenden Wesen das Leben?

Inwiefern also soll der Tod gegen Zweifel resistent sein? Insofern sein wahrscheinlich unvermeidliches Eintreten – diesseits der Metapher: das wahrscheinlich unvermeidliche Ende meines Lebendseins – es mir verbietet, mein Leben bloß auf Zweifel zu bauen? Ist das Leben zu kurz, um für Zweifel Zeit zu haben? Brauche ich letzte Sicherheiten, um dem Tod gewachsen zu sein, damit sich das Leben angesichts meines künftigen Totseins überhaupt lohnt?

Diese Fragen, in Thesen verwandelt, lassen sich vorzüglich verbinden mit der verbreiteten Behauptung einer «Verdrängung des Todes» aus der modernen Lebenswelt. Daran knüpft sich leicht die Behauptung, wir seien nur deshalb einer unstillbaren Zweifelssucht anheimgefallen, weil wir vergessen hätten, daß wir alle sterben müssen. Skepsis, Unentschlossenheit, sei die notwendige Folge der Todesvergessenheit. Todesbewußte Menschen zeigten Entschlossenheit zu letzten Gewißheiten, legten sich auf Sicherheiten fest, die ihrem Leben Ewigkeitswert schenkten.

Die Todesvergessenheitsbehauptung kann angesichts der unentwegten medialen Vergegenwärtigung des Todes in ihrer pauschalen Form offenkundig nicht stimmen. Allerdings ist diese Vergegenwärtigung in Gestalt von Horrorschockern und Kriegsberichterstattung wenig dazu angetan, Zweifel zu bändigen und uns zu einer Existenzform anzuleiten, die letzte Gewißheiten etabliert. Das spricht wiederum nicht für die Folgerung, die Gegenwart sei wegen ihrer Todesvergessenheit zweifelssüchtig geworden.

Der Tod – zumal der eigene Tod und der Tod der nächststehenden Menschen – ist zur Projektionsfläche der Ratlosigkeit geworden. Die Routine des alltäglichen Umgangs mit dem konkreten Tod etwa in Begräbnis- und Trauenbräuchen hat sich ebenso verflüchtigt wie die damit verbundenen Sinnangebote etwa eines jenseitigen Lebens. Der Tod widersetzt sich allen Sinnzumutungen wie aller begrifflichen Zähmung.

Gesetzt, derlei Mutmaßungen beschrieben das Verhältnis vieler Menschen zum Tod (gibt es ein «Verhältnis zum Tod»?) zutreffender als die Verdrängungsbehauptung, folgte daraus doch keineswegs, daß wir uns angesichts des Todes aller Zweifel entledigen sollten. Im Gegenteil: Wenn das künftige Totsein bar jeden Sinnes wäre, dürfte die Festlegung auf Letztgewißheiten im Leben und damit der Verzicht auf Zweifel ein verzweifeltes und kein sinnträchtiges Unterfangen sein. Solche Festlegungen drohen den ohnehin beschränkten Reichtum des zeitlich beschränkten Lebens noch weiter zu beeinträchtigen. Vielleicht vermöchten sich nur unsterbliche Wesen auf Letztgewißheiten festzulegen. Gerade unserem künftigen Totsein verdanken wir die *Möglichkeit* des Zweifels.

Weshalb nicht annehmen, dem Modus des Endlichen seien unbedingte Gewißheiten prinzipiell unangemessen? Der Modus des Endlichen ist, so die skeptische Vermutung, der Modus des Zweifelns. Das wäre keine Strafe und kein Verhängnis, sondern eine Chance, eine der wenigen.

Übung: Unternehmen Sie einen Spaziergang auf einen örtlichen, möglichst sterilen und gutgepflegten Friedhof. Betrachten Sie die Symbole auf den glattpolierten, in Reih und Glied stehenden Grabsteinen. Ein Palmzweig, Kornähren, manchmal ein Kreuz, eine Sonne, ein Stern – ratloser Verzicht auf Pathos. Vergegenwärtigen Sie sich, wie Sie selber so in Reih und Glied liegen werden, mit ein paar Primeln auf der Höhe Ihrer Nase oder mit einer Zwergzypresse, exakt drei Zentimeter unterhalb der Höhe beschnitten, die die Friedhofsbepflanzungsverordnung höchstens erlaubt. Erwägen Sie, was von Ihnen bleiben soll außer dem Granitklotz, Kornähren und Namenszug sowie den Primeln und der Zwergzypresse, die aus Ihrer Verwesung Nährstoffe gewinnen. Solange Sie zweifeln, sind Sie. Kosten Sie es aus, solange Sie mit Ihrem Zweifel noch einen Unterschied machen können und noch nicht in Reih und Glied liegen. Womöglich besteht Ihr Zweifel ja darin, stets mit dem Gegenteil, der Gegenthese leben zu lernen, im Leben also auch mit dem eigenen Tod.

32. Lachen

Handelt es sich bei Philosophie nicht um eine Unternehmung, bei der einem das Lachen vergeht? Wie setzt der Zweifel sich zum Lachen ins Verhältnis?

Der philosophische Umgang mit dem Lachen ist nicht frei von Gequältheit. Zwar verdammte kaum ein Philosoph das Lachen so in Bausch und Bogen wie es einst Theologen für angeraten hielten. Aber auch philosophischerseits ging es nicht ohne Zügel: «Es werde nicht viel und nicht über vieles und nicht maßlos gelacht.» (Epiktet, Handbüchlein, Kap. 33, S. 37) Denn leicht könnte sich das Lachen gegen die Philosophen richten, wie es der Überlieferung nach schon dem allerersten widerfahren ist, nämlich Thales von Milet (ca. 625–547 v. Chr.), der bei der Betrachtung des Himmels auf den Weg nicht achtgab, in eine Grube fiel und von einer thrakischen Magd ausgelacht wurde. Sollte Lachen, wie Thomas Hobbes in seiner Affektenlehre schreibt, «das plötzliche Gefühl der eigenen Überlegenheit angesichts fremder Fehler» (Vom Menschen XII 7, S. 33) sein, liegt es nahe, daß Philosophen – in der Grube oder nicht – sich keinesfalls dem Lachen von Nichtphilosophen (oder anderen Philosophen) aussetzen wollen. Überlegenheit gehört zu ihren Standesprivilegien – und Fehler unterlaufen ihnen ohnehin nicht. So könnten sie das Lachen eigentlich für sich selber pachten. Doch hat Thales gelacht? «War es nicht vielmehr das Privileg der thrakischen Magd gewesen?» (Blumenberg, Lachen, S. 54) Enthalten sich die Philosophen des Lachens, weil es – so ein weiterer Definitionsversuch – ein «Affekt» ist, der «der plötzlichen Verwandlung einer gespannten Erwartung in nichts» entspringt (Kant, Kritik der Urteilskraft, §54, Anm., B225)? Denn Philosophen, insofern sie Philosophen sind, kennen doch keine gespannte Erwartung, die sich jemals in nichts auflösen könnte?

Lachen wie Henri Bergson (1859–1941) als soziales Phänomen zu fassen – «unser Lachen ist immer das Lachen einer Gruppe» (Lachen, S. 15)–, kann die Lachekstasen des Einsiedlers angesichts von Selbsterlebnissen, die ihm die Sprachgewalt rauben, nicht ungeschehen machen. Philosophen neigen dazu, das freundliche, das nachsichtige, das heitere Lachen zu vergessen, um die ethologische Beobachtung von Konrad Lorenz zu bestätigen, wonach das Lachen nichts anderes ist als die Fortentwicklung einer bei Primaten verbreiteten Drohgebärde, nämlich des Zähnefletschens. Sie haben viel, vielleicht zu viel Feingefühl für das zerstörerische, das markerschütternde Moment, das im Lachen mitschwingt und das Verlachte zurückstößt: «Das Lachen erscheint als Ausdruck der Brutalität, die sich über den Menschen und die gute Welt erheben will.» (Ritter, Lachen, S. 68) Verstummt im Lachen nicht die Vernunft? Das Gefühl? Ist Lachen etwas anderes als eine körperliche Reaktion auf bestimmte Reize, die alle anderen Reaktionsmöglichkeiten – Worte, Gebärden, Gedanken – vernichtet?

Das Unbehagen dem Lachen gegenüber ähnelt dem Unbehagen, das Philosophen dem Zweifel gegenüber kultivieren. Lachen und Zweifel sind, allen Bemühungen zum Trotz, nicht endgültig zu hegen. Und beide kommen in unendlich vielen Schattierungen vor. Wenn das Lachen tatsächlich, wie Baruch de Spinoza (1632–1677) feststellen zu können meint, reine Freude, *mera laetitia*, wäre (Ethik IV, prop. 45, Cor. II, Scholium, S. 534f.), würden sich die Philosophen weniger damit abquälen. Es wäre berechenbar und könnte eingetopft werden wie man philosophischerseits alles einzutopfen liebt. Ehrenfried Walther von Tschirnhaus (1651–1708) hat sogar die Ansicht vertreten, eine vollständige genetische Definition des Lachens würde imstande sein, das Lachen selbst hervorzurufen (Windelband, Lehrbuch, S. 334, Fn. 3). Nur leider gebricht es an dieser genetischen Definition.

Augustinus berichtet, manche gäben auf die Frage, was Gott gemacht habe, bevor er Himmel und Erde schuf, die sarkastische Antwort, er habe damals die Hölle für jene geschaffen, die solche Geheimnisse ergründen wollten. Diese Antwort weist der Kirchenvater zurück mit den Worten: *aliud est videre, aliud est ridere*, «das Eine ist Sehen, das Andere ist Lachen» (Confessiones XI 12,1, S. 442). Das Lachen gehört Augustinus zufolge verscheucht aus den Gefilden heiliger Andacht. Aber ob es sich der kirchenväterlichen Anordnung fügt? Denn ganz offensichtlich gibt es in diesen Gefilden auch nichts (Übersinnliches) zu sehen: Bei der Antwort auf die Frage, was Gott vor der Schöpfung gemacht habe, ist kein Sehen, kein Wissen möglich. Das muß Augustinus selbst eingestehen. Warum also nicht beim Lachen bleiben? Und beim Zweifel, der sich mit dem Lachen so vorzüglich paart? Beides sind notorische Vagabunden, nicht nur Vagabunden des Denkens.

Übung: Was ist Ihrer Meinung nach vor dem Lachen gefeit? Was vor dem Zweifel? Gibt es eine Schnittmenge? Kommt Ihr Lachen ohne Zweifel aus? Ihr Zweifel ohne Lachen?

33. Selbstgewißheit

Kann derjenige, der durch die Schule des Zweifels hindurchgeht, so etwas wie eine Selbstgewißheit erlangen, die Handeln und einen einigermaßen festen Halt im Dasein möglich macht? Soll er es?

Wer den Zweifel als «eine Kunst, eine Fertigkeit, eine Methode» (Stäudlin, Geschichte, Bd. 1, S. 4) betreibt, wird sich auch von der Gewißheit des denkenden Ich, mit dem Descartes dem Zweifel Einhalt gebieten wollte (vgl. oben Abschnitt 14), nicht bestricken lassen. Es wird ihm vielleicht so vorkommen, als sei das Ich etwas, was man zum Fluß der Vorstellungen einfach hinzudichtet, weil die Sprachgrammatik dazu verleitet, Vorstellungen von einem Subjekt abhängig zu machen, das diese Vorstellungen hat. Aber dieses Subjekt hinter den Vorstellungen ist nur eine Hypothese; hinter den Vorstellungen und den Handlungen ist mir mein Ich nie als Erfahrungstatsache gegeben. Ich erschließe sein Vorhandensein aus dem Vorhandensein von Vorstellungen und Handlungen, die ich ihm zuschreibe. Gerade Handlungen sind für neuzeitliche Subjektphilosophen ein schlagender Beweis für die Existenz eines Handelnden. Doch das Handeln selbst ist immer nur in Gestalt der als Handlungen bezeichneten Phänomene und jener Art von Vorstellungen gegeben, die man als Absichten bezeichnet. Zwischen den Vorstellungen namens Absichten und den Phänomenen namens Handlungen wird eine kausale Verbindung konstruiert – eine weitere Vorstellung –, die man Handeln nennt und für die die Grammatik eine handelnde Person verlangt. Aber das, worauf es der neuzeitlichen Philosophie so sehr ankommt, nämlich ein handelndes Subjekt als Substanz und Urgrund meiner Vorstellungen, ist in der strengen (Selbst-)Beobachtung als solches nicht auszumachen. Es ist ein Postulat, das unter anderem deswegen so plausibel erscheint, weil ich unentwegt andere empirische Menschen als Subjekte ihrer Handlungen meine beobachten zu können. Die neuzeitliche Philosophie lebte lange von diesem Postulat eines handelnden Subjekts, das souveräner Herr seiner Handlungen und all seiner sonstigen Vorstellungen ist. Das Subjekt ist nach dieser Konzeption nur, insofern es ein tätiges Subjekt ist: Es ist Herr seines Zweifelns. Dieses Paradigma neuzeitlicher Philosophie erschwert den Zugang zur antiken Skepsis, die radikalen Handlungsverzicht übt – auch den Verzicht auf das Urteilen, das die intellektuelle Hauptbeschäftigung des tätigen Subjektes sein soll. Der Pyrrhonismus scheint mit dem Verzicht auf das Handeln im allgemeinen und auf das Urteilen als Handeln im besonderen das Subjekt selbst aufzugeben, mit dem die neuzeitliche Philosophie sich den Fängen des universellen Zweifels zu entwinden hofft. Der Pyrrhonismus braucht auch keinen Zweifel als ein von einem Subjekt initiierte und kontrollierte Tätigkeit zum Zwecke der Selbstbestätigung. Er konstatiert nur die Abwesenheit von Wissen.

Die gegenwärtig modischen Debatten vom «Ende des Subjekts» gründen weniger in einem wiederbelebten Pyrrhonismus als in der Einsicht, daß die empirischen Menschen, wenn man sie als Handlungssubjekte beschreibt, offensichtlich sehr viel weniger Herr ihrer Handlungen sind als sie es nach dem Verständnis der neuzeitlichen Subjektphilosophien eigentlich sein müßten. In Grabreden auf das «neuzeitliche Subjekt» wird öfter behauptet, daß personale Identität «narrativ» verfaßt sei. Das soll heißen, ein empirischer Mensch versichere sich seines Ichs nicht dadurch, daß er sich als Handelnder erfährt, sondern dadurch, daß er sich selber erzählt: Erst indem ich all das, was mir widerfahren und was von mir ausgegangen ist, in die Form einer Erzählung bringe, werde ich mir selbst bewußt. Meine personale Identität ist dabei ständigen Wandlungen unterworfen; stets stoßen mir Dinge zu, die ich in die Erzählung von mir selbst integrieren muß; stets erzähle ich die Erzählung von mir selbst mir und anderen auf neue Weise. Die Selbstvergewisserung sei ein unabschließbarer Prozeß des narrativen Selbstentwurfs. Das Subjekt sei nichts anderes als diese Erzählung.

Mindestens zweierlei Probleme wirft das Theorem von der narrativen Verfaßtheit der personalen Identität oder gar des Subjekts auf. Erstens scheint hier die Kernthese der neuzeitlichen Subjektphilosophien, der zufolge das Subjekt ein *handelndes* Subjekt sei, nach der Verkündigung des Subjekttodes durch die Hintertür wieder Einzug zu halten: Denn was ist das Erzählen der eigenen Lebensgeschichte anderes als eine bestimmte Form des Handelns? Das Subjekt, das sich konstituiert, indem es sich erzählt, ist nichts anderes als ein Subjekt, das auf bestimmte Weise handelt. Da hatte das Subjekt der klassischen neuzeitlichen Subjektphilosophien bedeutend mehr Möglichkeiten, sich selber zu finden, indem es nicht von vornherein auf eine bestimmte Form des Handelns, eben das Erzählhandeln, festgelegt war. Erweist sich das Theorem von der narrativen Verfaßtheit des Subjekts als Rückzugsgefecht der neuzeitlichen Subjektphilosophien, die das spezifische subjektkonstituierende Handeln nicht mehr in schöpferischer Weltgestaltung auszumachen vermögen, sondern nur noch im Zusammenpuzzeln autobiographischer Bruchstücke zu einer Erzählung von mir selbst?

Zweitens ist aus der Beobachtung, daß menschliche Individuen sich in der Kommunikation erzählend selbst thematisieren, schlechterdings nicht abzuleiten, daß sich Identität oder Subjektsein erst durch diese erzählende Selbstthematisierung herstellt. Äußert man den skeptischen Verdacht, daß es hinter den Vorstellungen womöglich kein Subjekt als Urheber dieser Vorstellungen gebe, folgt daraus nicht, daß es hinter den Vorstellungen, und das heißt auch: hinter den Erzählungen von sich selbst, kein Subjekt geben *kann*. Gerade dies aber scheinen manche Theoretiker, die auf der narrativen Verfaßtheit des Subjekts beharren, behaupten zu wollen. Damit nehmen sie ein Wissen in Anspruch, das dem skeptisch Fragenden genauso unzugänglich ist wie das Wissen der klassischen neuzeitlichen Subjektphilosophien um das Wesen des Subjekts (etwa als reine Tätigkeit).

Es hat also nicht den Anschein, als würde ein Skeptiker für sich die Frage nach der Selbstgewißheit so leicht zu klären vermögen, daß ihm aus solcher Selbstgewißheit ein einigermaßen fester Halt im Dasein erwüchse. Es wird ihm freilich leicht fallen, die Behauptung, solche Selbstgewißheit sei für Leben und Handeln notwendig, selbst dem Zweifel auszuliefern. Er könnte – auf die Gefahr hin, wieder in das subjektphilosophische Schema der Selbsterschaffung des Subjekts durch Handeln zurückzufallen – im Gegenzug die Abwesenheit von Selbstgewißheit – und im übrigen auch das Fehlen eines einigermaßen festen Halts im Dasein – zum Grund und Motor des Handelns erklären. Vielleicht freundet er sich mit einer Auffassung an, die das Subjekt als höchst fragiles Produkt von Wechselwirkungen versteht, etwa nach der Vorgabe von Ludwik Fleck (1896–1961): «Weder dem ‹Subjekt› noch dem ‹Objekt› kommt selbständige Realität zu; jede Existenz beruht auf Wechselwirkung und ist relativ.» (Krise, S. 48). Ein Subjekt entsteht erst in Beziehung zu etwas anderem; es ist nur, insofern es in Relationen steht.

Der Verzicht auf letzte Subjekt- und damit Selbsterkenntnis wird skeptisches Denken am Leben erhalten, wenn es sich nicht doch zu letzten Gewißheiten entschließt. Falls Philosophie mit dem Zweifel beginnt, bedeutet das nicht, daß sie nicht auch mit dem Zweifel aufhören darf.

Nimmt man einmal an, skeptisches Denken führe nicht zu jener Selbstgewißheit und Einsicht in das Wesen des eigenen Ich, die man als so wesentliche Voraussetzung für das reibungslose Funktionieren menschlicher Existenz anzusehen gewohnt war, dann kann man entweder den religiösen Weg einschlagen, den der skeptische Fideismus des siebzehnten Jahrhunderts schmackhaft machen will. Dieser Weg stünde unter der paulinischen Losung: «Sorget euch um nichts» (Philipper 4,6) und würde verlangen, man solle seine Sorgen auf Gott werfen (1. Petrus 5,7). Dieses Aufgeben der Sorge um sich schlösse freilich die Kapitulation des Zweifels vor einer höheren, unverfügbaren Autorität ein. Oder aber man gibt die Suche nicht auf und hält sein Denken, seine Existenz unbeirrbar im Modus des Zweifels. Das würde für die Lebenspraxis bedeuten, daß man ein skeptisches Ethos ausprägt, das sich gegen alle behaupteten Gewißheiten dem definitiven geistigen Zur-Ruhe-Kommen verweigert. Dies auch im Unterschied zum antiken Pyrrhonismus.

Skeptische Ethik mag, wenn nicht gar ein hölzernes Eisen, ein

Reizwort sein. Vielleicht aber geht es dabei nur um das selbstverständlichste Geschäft von Philosophie überhaupt, nämlich die Unablässigkeit des Fragens. Nur wer von Philosophie Sinnstiftung erwartet, wird dieses Geschäft unziemlich finden. Skepsis wäre nur dann die Selbsterledigung der Philosophie, wenn sie mit dem Fragen aufhört.

Zitierte Werke

Adorno, Technik = Theodor W. Adorno, Über Technik und Humanismus, in: ders., Vermischte Schriften I = Gesammelte Schriften, hrsg. von Rolf Tiedemann, Bd. 20/1, Frankfurt am Main 1986, S. 310–317.

Agrippa von Nettesheim, De incertitudine = Heinrich Cornelius, Agrippa von Nettesheim, De incertitudine & vanitate omnium scientiarum & Artium Liber, lectu plane jucundus & elegans [...]. Editio ultima, Hagae Comitum 1653.

Agrippa von Nettesheim, Eitelkeit = Heinrich Cornelius, Agrippa von Nettesheim, Die Eitelkeit und Unsicherheit der Wissenschaften und die Verteidigungsschrift, hrsg. von Fritz Mauthner, 2 Bde., München 1913.

Anders, Antiquiertheit = Günther Anders, Die Antiquiertheit des Menschen. Bd. 1: Über die Seele im Zeitalter der zweiten industriellen Revolution, München 9 2002.

Aristoteles, Kategorien = Aristoteles, Kategorien (Des Organon erster Teil). Neu übersetzt und hrsg. von Eugen Rolfes, Leipzig 1920.

Aristoteles, Metaphysik = Aristoteles, Metaphysik, übersetzt von Hermann Bonitz (ed. Wellmann), hrsg. von Hector Carvallo und Ernesto Grassi, München 1966.

Aristoteles, Nikomachische Ethik = Aristoteles, Nikomachische Ethik. Übersetzt und mit einer Einleitung und Anmerkungen versehen von Olof Gigon, Zürich 1952.

Augustinus, Confessiones = Sancti Aurelii Augustini Confessionum libri XIII. Cum notis Rev. P. H. Wangnereck S. J., Torino 1962.

Augustinus, Gottesstaat = Aurelius Augustinus, Vom Gottesstaat (De civitate dei). Aus dem Lateinischen übertragen von Wilhelm Thimme. Eingeleitet und kommentiert von Carl Andresen, 2 Bde., München 1991.

Bennett, Argumente = Jonathan Bennett, Analytische transzendentale Argumente, in: Bieri (Hrsg.), Analytische Philosophie, S. 367–389.

Bergson, Lachen = Henri Bergson, Das Lachen. Ein Essay über die Bedeutung des Komischen. Aus dem Französischen von Roswitha Plancherel-Walter. Nachwort von Karsten Witte, Frankfurt am Main 1988.

Bieri, Analytische Philosophie = Peter Bieri (Hrsg.), Analytische Philosophie der Erkenntnis, Frankfurt am Main 1987.

Blumenberg, Arbeit = Hans Blumenberg, Arbeit am Mythos, Frankfurt am Main 6 1996.

Blumenberg, Lachen = Hans Blumenberg, Das Lachen der Thrakerin. Eine Urgeschichte der Theorie, Frankfurt am Main 1987.

Camus, Mensch = Albert Camus, Der Mensch in der Revolte. Essays. Aus dem Französischen übertragen von Justus Streller. Neu bearbeitet von Georges Schlocker unter Mitarbeit von François Bondy, Reinbek bei Hamburg 1987.

Carnap, Mein Weg = Rudolf Carnap, Mein Weg in die Philosophie. Übersetzt und mit einem Nachwort sowie einem Interview hrsg. von Willy Hochkeppel, Stuttgart ²1999.

Carnap, Überwindung = Rudolf Carnap, Überwindung der Metaphysik durch logische Analyse der Sprache, in: Erkenntnis, hrsg. von Rudolf Carnap und Hans Reichenbach, Bd. 2 (Annalen der Philosophie, Bd. 10), Leipzig 1931, S. 219–241.

Cicero, Academica = Marcus Tullius Cicero, Academicae Quaestiones, in: ders., Opera ad optimas editiones collata studiis Societatis Bipontinae, Bd. 10, Zweibrücken 1781, S. 29–135.

Cicero, Gespräche in Tuskulum = Marcus Tullius Cicero, Tusculanae Disputationes/Gespräche in Tuskulum. Eingeleitet und neu übersetzt von Karl Büchner, Zürich/Stuttgart ²1966.

Cicero, Pflichten = Marcus Tullius Cicero, Vom pflichtgemäßen Handeln. «De officiis». Übersetzt und erläutert von Karl Atzert, München 1959.

Cioran, Syllogismen = E. M. Cioran, Syllogismen der Bitterkeit, Frankfurt am Main 1995.

Descartes, Meditationen = René Descartes, Meditationen über die Erste Philosophie. Aus dem Lateinischen übersetzt und hrsg. von Gerhart Schmidt, Stuttgart 1971.

Diogenes Laertius, Leben und Meinungen = Diogenes Laertius, Leben und Meinungen berühmter Philosophen. Buch I–X. Aus dem Griechischen übersetzt von Otto Apelt, neu hrsg. von Klaus Reich, 2 Bde., Hamburg ²1967.

Dostojewski, Brüder Karamasoff = Fjodor M. Dostojewski, Die Brüder Karamasoff. Roman. Aus dem Russischen übertragen von E. K. Rahsin, München ²⁷1996.

Eckermann, Gespräche = Johann Peter Eckermann, Gespräche mit Goethe in den letzten Jahren seines Lebens, hrsg. von Conrad Höfer. Mit einer Einleitung von Ludwig Geiger, Leipzig 1913.

Epiktet, Handbüchlein = Epiktet, Handbüchlein der Ethik. Aus dem Griechischen übersetzt, mit Einleitung und Anmerkungen versehen von Ernst Neitzke, Stuttgart 1987.

Erasmus, De libero arbitrio = Erasmus von Rotterdam, De libero arbitrio ΔIATPIBH sive collatio. Gespräch oder Unterredung über den freien Willen, übersetzt von Winfried Lesowksy, in: ders., Ausgewählte Schriften, hrsg. von Werner Welzig, Darmstadt 1969, Bd. 4, S. 1–195.

Fleck, Krise = Ludwik Fleck, Zur Krise der «Wirklichkeit», in: ders., Erfahrung und Tatsache. Gesammelte Aufsätze. Mit einer Einleitung hrsg.

von Lothar Schäfer und Thomas Schnelle, Frankfurt am Main 1983, S. 46–58.

Freud, Jenseits = Sigmund Freud, Jenseits des Lustprinzips, in: ders., Studienausgabe, hrsg. von Alexander Mitscherlich u. a., Bd. 3: Psychologie des Unbewußten, Frankfurt am Main 1982, S. 213–272.

Gehlen, Urmensch = Arnold Gehlen, Urmensch und Spätkultur. Philosophische Ergebnisse und Aussagen, Frankfurt am Main [4]1977.

Gellius, Noctes = Aulus Gellius, Noctes Atticae cum indicibus locupletissimis. Ad optimorum librorum fidem accurate editae, Leipzig 1835.

Gettier, Knowledge = Edmund L. Gettier, Is Justified True Belief Knowledge?, in: Analysis, Bd. 23 (1963), S. 121–123 (dt. Übersetzung von Ralf Stoecker in: Bieri (Hrsg.), Analytische Philosophie, S. 91–93).

Goethe, Faust I = Johann Wolfgang von Goethe, Faust. Erster Theil = Werke, hrsg. im Auftrage der Großherzogin Sophie von Sachsen, 1. Abt., Bd. 14, Weimar 1887.

Goodman, Weisen = Nelson Goodman, Weisen der Welterzeugung. Übersetzt von Max Looser, Frankfurt am Main [2]1993.

Habermas, Strukturwandel = Jürgen Habermas, Strukturwandel der Öffentlichkeit. Untersuchungen zu einer Kategorie der bürgerlichen Gesellschaft, Neuwied/Berlin [8]1976.

Habermas, Technik = Jürgen Habermas, Technik und Wissenschaft als ‹Ideologie›, Frankfurt am Main [7]1974.

Heidegger, Technik = Martin Heidegger, Die Technik und die Kehre, Pfullingen 1962.

Heynitz, Zweifel = Wolfram von Heynitz, Zweifel, in: Metzler Philosophie Lexikon. Begriffe und Definitionen, hrsg. von Peter Prechtl und Franz-Peter Burkard, Stuttgart/Weimar 1996, S. 592.

Hobbes, Leviathan = Thomas Hobbes, Leviathan oder Stoff, Form und Gewalt eines kirchlichen und bürgerlichen Staates. Hrsg. und eingeleitet von Iring Fetscher, übersetzt von Walter Euchner, Frankfurt am Main 1991.

Hobbes, Vom Menschen = Thomas Hobbes, Vom Menschen. Vom Bürger. Elemente der Philosophie II/III. Eingeleitet und hrsg. von Günter Gawlick, Hamburg [3]1994.

Hönigswald, Skepsis = Richard Hönigswald, Die Skepsis in Philosophie und Wissenschaft, Göttingen 1914.

Horkheimer, Montaigne = Max Horkheimer, Montaigne und die Funktion der Skepsis, in: ders., Gesammelte Schriften, Bd. 4: Schriften 1936–1941, hrsg. von Alfred Schmidt, Frankfurt am Main 1988, S. 236–294.

Horkheimer/Adorno, Dialektik = Max Horkheimer/Theodor W. Adorno, Dialektik der Aufklärung. Philosophische Fragmente = Theodor W. Adorno, Gesammelte Schriften, hrsg. von Rolf Tiedemann, Bd. 3, Frankfurt am Main 1981.

Humboldt, Ansichten = Alexander von Humboldt, Ansichten der Natur, mit wissenschaftlichen Erläuterungen, 2 Bde., Stuttgart/Augsburg 1859–1860.

Kant, Kritik der reinen Vernunft = Immanuel Kant, Kritik der reinen Vernunft. Erster Teil = Werke in zehn Bänden, hrsg. von Wilhelm Weischedel, Bd. 3, Darmstadt 1983.

Kant, Kritik der Urteilskraft = Immanuel Kant, Kritik der Urteilskraft = Werke in zehn Bänden, hrsg. von Wilhelm Weischedel, Bd. 8, Darmstadt 1983.

Knigge, Umgang = Adolph Freiherr Knigge, Über den Umgang mit Menschen. Nachwort von Wolfgang Becker, Leipzig 1975.

Levinas, Totalität = Emmanuel Levinas, Totalität und Unendlichkeit. Versuch über die Exteriorität. Übersetzt von Wolfgang Nikolaus Krewani, Freiburg im Breisgau/München ²1993.

Lichtenberg, Sudelbücher = Georg Christoph Lichtenberg, Schriften und Briefe, hrsg. von Wolfgang Promies. Bde. 1–2: Sudelbücher, Materialhefte, Tagebücher, Frankfurt am Main 1994.

Lodge, Welt = David Lodge, Kleine Welt. Eine akademische Romanze, Zürich 1996.

Lukrez, Natur = Lukrez [T. Lucretius Carus], Von der Natur der Dinge. Übersetzung von Karl Ludwig von Knebel, mit einem Nachwort von Jean Bollack, Frankfurt am Main/Hamburg 1960.

Luther, De servo arbitrio = Martin Luther, De servo arbitrio, in: ders., Werke in Auswahl. Unter Mitwirkung von Albert Leitzmann hrsg. von Otto Clemen, Bd. 3, Bonn 1925, S. 94–203.

Mackie, Ethik = John L. Mackie, Ethik. Die Erfindung des moralisch Richtigen und Falschen. Aus dem Englischen übersetzt von Rudolf Ginters, Stuttgart 2000.

Marcuse, Eindimensionaler Mensch = Herbert Marcuse, Der eindimensionale Mensch. Studien zur Ideologie der fortgeschrittenen Industriegesellschaft, Neuwied/Berlin 1970.

Marquard, Schwierigkeiten = Odo Marquard, Schwierigkeiten mit der Geschichtsphilosophie, Frankfurt am Main 1973.

Marx, Kapital = Karl Marx, Das Kapital. Kritik der politischen Ökonomie. 3. Bd., Buch III: Der Gesamtprozess der kapitalistischen Produktion, hrsg. von Friedrich Engels = Karl Marx/Friedrich Engels, Werke, Bd. 25, Berlin 1972.

Mendelssohn, Morgenstunden = Moses Mendelssohn, Morgenstunden oder Vorlesungen über das Daseyn Gottes, in: Gesammelte Schriften. Jubiläumsausgabe, hrsg. von I. Elbogen u. a., fortgesetzt von A. Altmann u. a., Bd. 3/2, Stuttgart 1971 ff.

Mittelstraß, Flug = Jürgen Mittelstraß, Der Flug der Eule. Von der Vernunft der Wissenschaft und der Aufgabe der Philosophie, Frankfurt am Main 1989.

Mittelstraß, Zweifel = Jürgen Mittelstraß, Zweifel, in: Enzyklopädie Philosophie und Wissenschaftstheorie, hrsg. von Jürgen Mittelstraß, Bd. 4, Mannheim/Stuttgart 1996, S. 868–869.

Montaigne, Essais = Michel de Montaigne, Essais. Erste moderne Gesamtübersetzung von Hans Stilett, Frankfurt am Main 1998.

Müller/Halder, Wörterbuch = Max Müller/Alois Halder (Hrsg.), Herders kleines philosophisches Wörterbuch, Freiburg ³1961.

Nagel, View = Thomas Nagel, The View from Nowhere, Oxford 1986.

Nietzsche, Jenseits = Friedrich Nietzsche, Jenseits von Gut und Böse. Vorspiel einer Philosophie der Zukunft, in: ders., Sämtliche Werke. Kritische Studienausgabe in 15 Einzelbänden, hrsg. von Giorgio Colli und Mazzino Montinari, Bd. 5, München/Berlin/New York ²1988, S. 9–243.

Nussbaum, Gerechtigkeit = Martha C. Nussbaum, Gerechtigkeit oder Das gute Leben, hrsg. von Herlinde Pauer-Studer. Aus dem Amerikanischen von Ilse Utz, Frankfurt am Main 1999.

Ottmann, Negative Ethik = Henning Ottmann, Negative Ethik. Oder: Warum es manchmal besser ist, nicht zu handeln, als schon wieder einmal etwas zu tun!, in: Arbeitsblätter für ethische Forschung, hrsg. vom Schweizerischen Arbeitskreis für ethische Forschung, Nr. 20, Oktober 1988, S. 17–29.

Pascal, Pensées = Blaise Pascal, Pensées et Opuscules. Publiés avec une introduction, des notices, des notes par M. Léon Brunschvicg, Paris ¹⁷o.J.

Platon, Apologie = Platon, Apologie des Sokrates, in: ders., Werke in acht Bänden. Griechisch und deutsch, hrsg. von Gunther Eigler. Sonderausgabe, Bd. 2, Darmstadt 1990, S. 1–69 (17a–42a).

Platon, Symposion = Platon, Symposion, in: ders., Werke in acht Bänden. Griechisch und deutsch, hrsg. von Gunther Eigler. Sonderausgabe, Bd. 3, Darmstadt 1990, S. 209–393 (172a–223d).

Platon, Theaitetos = Platon, Theaitetos, in: ders., Werke in acht Bänden. Griechisch und deutsch, hrsg. von Gunther Eigler. Sonderausgabe, Bd. 6, Darmstadt 1990, S. 1–217 (142a–210d).

Plessner, Augen = Helmuth Plessner, Mit anderen Augen. Aspekte einer philosophischen Anthropologie, Stuttgart 1982.

Popper, Logik = Karl R. Popper, Logik der Forschung, Tübingen ⁴1971.

Putnam, Brains = Hilary Putnam, Brains in a Vat, in: Keith De Rose/Ted A. Warfield (Hrsg.), Skepticism. A Contemporary Reader, Oxford 1999, S. 27–42.

Putnam, Vernunft = Hilary Putnam, Vernunft, Wahrheit und Geschichte. Dt. Übersetzung von Joachim Schulte, Frankfurt am Main 1990.

Radbruch, Rechtsphilosophie = Radbruch, Gustav, Rechtsphilosophie.

Nach dem Tode des Verfassers besorgt und biographisch eingeleitet von Erik Wolf, Stuttgart ⁷1970.

Ricken, Antike Skeptiker = Friedo Ricken, Antike Skeptiker, München 1994.

Ritter, Lachen = Joachim Ritter, Über das Lachen, in: ders., Subjektivität. Sechs Aufsätze, Frankfurt am Main 1989, S. 62–92.

Rorty, Kontingenz = Richard Rorty, Kontingenz, Ironie und Solidarität. Übersetzt von Christa Krüger, Frankfurt am Main 1989.

Rorty, Kultur = Richard Rorty, Eine Kultur ohne Zentrum. Vier philosophische Essays und ein Vorwort. Aus dem Englischen übersetzt von Joachim Schulte, Stuttgart 2002.

Röttgers, Kants Kollege = Kurt Röttgers, Kants Kollege [Christian Jacob Kraus] und seine ungeschriebene Schrift über die Zigeuner, Heidelberg 1993.

Sanches, Quod nihil scitur = Francisco Sanches (Franciscus Sanchez), That Nothing Is Known (Quod nihil scitur). Introduction, notes, and bibliography by Elaine Limbrick. Latin text established, annotated, and translated by Douglas F. S. Thomson, Cambridge u. a. 1988.

Schelsky, Skeptische Generation = Helmut Schelsky, Die skeptische Generation. Eine Soziologie der deutschen Jugend, Düsseldorf/Köln ⁴1960.

Schmid, Philosophie = Wilhelm Schmid, Philosophie der Lebenskunst. Eine Grundlegung, Frankfurt am Main ⁶2000.

Schmidt, Wörterbuch = Heinrich Schmidt, Philosophisches Wörterbuch, Leipzig ⁸1931.

Schulze, Aenesidemus = [Gottlob Ernst Schulze], Aenesidemus oder über die Fundamente der von dem Herrn Professor Reinhold in Jena gelieferten Elementar-Philosophie. Nebst einer Verteidigung des Skeptizismus gegen die Anmassungen der Vernunftkritik, hrsg. von Manfred Frank, Hamburg 1996.

Schulze, Erlebnisgesellschaft = Gerhard Schulze, Die Erlebnisgesellschaft. Kultursoziologie der Gegenwart, Frankfurt am Main/New York ²1992.

Sextus, Grundriss = Sextus Empiricus, Grundriß der pyrrhonischen Skepsis. Eingeleitet und übersetzt von Malte Hossenfelder, Frankfurt am Main ²1993.

Spinoza, Ethik = Benedictus de Spinoza, Die Ethik. Lateinisch und deutsch. Revidierte Übersetzung von Jakob Stern, Nachwort von Bernhard Lakebrink, Stuttgart 1977.

Stäudlin, Geschichte = Carl Friedrich Stäudlin, Geschichte und Geist des Skepticismus vorzüglich in Rücksicht auf Moral und Religion, 2 Bde., Leipzig 1794.

Warfield, Knowledge = Ted A. Warfield, A Priori Knowledge of the World. Knowing the World by Knowing Our Minds, in: Keith De Rose/Ted

A. Warfield (Hrsg.), Skepticism. A Contemporary Reader, Oxford 1999, S. 76–90.

Weber, Wirtschaft = Max Weber, Wirtschaft und Gesellschaft. Grundriss der verstehenden Soziologie, hrsg. von Johannes Winckelmann, Tübingen 5 1980.

Weber, Wissenschaftslehre = Max Weber, Gesammelte Aufsätze zur Wissenschaftslehre, hrsg. von Johannes Winckelmann, Tübingen 7 1988 (Wissenschaft als Beruf, S. 582–613).

Williams, Begriff = Bernard Williams, Der Begriff der Moral. Eine Einführung in die Ethik. Aus dem Englischen übersetzt von Eberhard Bubser, Stuttgart 1998.

Windelband, Lehrbuch = Wilhelm Windelband, Lehrbuch der Geschichte der Philosophie, besorgt von Erich Rothacker, Tübingen 9–10 1921.

Weiterführende Literatur zur philosophischen Skepsis

Annas, Julia/Barnes, Jonathan, The Modes of Scepticism. Ancient Texts and Modern Interpretations, Cambridge 1985.

Brochard, Victor, Les sceptiques grecs, Paris 2 1932.

Burnyeat, Myles (Hrsg.), The Sceptical Tradition, Berkeley 1983.

Butchvarov, Panayot, Skepticism in Ethics, Bloomington/Indianapolis 1989.

Cavell, Stanley, The Claim of Reason. Wittgenstein, Skepticism, Morality, and Tragedy, Oxford/New York 1979.

DeRose, Keith/Warfield, Ted A. (Hrsg.), Skepticism. A Contemporary Reader, Oxford 1999.

Engstler, Achim, Skepsis und Wege zum Wissen. Grundpositionen von Pyrrhon bis Hegel, Würzburg 2002.

Fumerton, R., Pyrrhonian Reflections on Knowledge and Justification, Lanham/London 1995.

Gatzemeier, Matthias, Skeptizismus, in: Enzyklopädie Philosophie und Wissenschaftstheorie, hrsg. von Jürgen Mittelstraß, Bd. 3, Mannheim/Stuttgart 1996, S. 823–826.

Goedeckemeyer, Albert, Die Geschichte des griechischen Skeptizismus, Leipzig 1905, Nachdruck Aalen 1968.

Görler, Woldemar, Älterer Pyrrhonismus. Jüngere Akademie. Antiochos aus Askalon, in: Grundriss der Geschichte der Philosophie, begründet von Friedrich Ueberweg. Völlig neubearbeitete [13.] Ausgabe. Die Philosophie der Antike, Bd. 4: Die hellenistische Philosophie, hrsg. von Hellmut Flashar, Basel 1994, S. 717–989.

Grundmann, Thomas/Stüber, Karsten (Hrsg.), Philosophie der Skepsis, Paderborn/München/Wien/Zürich 1996.

Hankinson, R. J., The Sceptics, London/New York 1998.

Hossenfelder, Malte, Umgang mit Alternativen in der Skepsis, in: Ethik und Sozialwissenschaften, Bd. 5 (1994), S. 567–575, Diskussion S. 576–627.

Landesman, Charles, Skepticism. The Central Issues, Oxford/Malden, Mass. 2002.

Landesman, Charles/Meeks, Roblin (Hrsg.), Philosophical Skepticism, Malden, Mass./Oxford 2003.

Long, Anthony A./Albrecht, Michael, Skepsis, Skeptizismus, in: Historisches Wörterbuch der Philosophie, hrsg. von Joachim Ritter und Karlfried Gründer, Basel/Darmstadt 1971 ff., Bd. 9, Sp. 938–974.

Long, Anthony A./Sedley, David N., Die hellenistischen Philosophen. Texte und Kommentare, übersetzt von Karlheinz Hülser, Stuttgart 2000.

Löwith, Karl, Skepsis und Glaube, in: ders., Sämtliche Schriften, Bd. 3: Wissen, Glaube und Skepsis, Stuttgart 1985, S. 218–239.

Marquard, Odo, Abschied vom Prinzipiellen, Stuttgart 1981.

Marquard, Odo, Apologie des Zufälligen. Philosophische Studien, Stuttgart 1987.

Marquard, Odo, Skepsis und Zustimmung. Philosophische Studien, Stuttgart 1994.

Marquard, Odo, Philosophie des Stattdessen. Studien, Stuttgart 2000.

Moreau, Pierre-François (Hrsg.), Le scepticisme au XVIe et au XVIIe siècle. Le retour des philosophies antiques à l'Âge classique, Bd. 2, Paris 2001.

Müller, Olaf L., Wirklichkeit ohne Illusionen. Bd. 1: Hilary Putnam und der Abschied vom Skeptizismus oder Warum die Welt keine Computersimulation sein kann, Padeborn 2003.

Niehues-Pröbsting, Heinrich, Die antike Philosophie. Schrift, Schule, Lebensform, Frankfurt am Main 2004, S. 192–198.

Popkin, Richard H., The History of Scepticism from Savonarola to Bayle. Revised and expanded edition, Oxford u. a. 2003.

Popkin, Richard H./Stroll, Avrum, Skeptical Philosophy for Everyone, Amherst NY 2002.

Richter, Raoul, Der Skeptizismus in der Philosophie, 2 Bde., Leipzig 1904–1908.

Russell, Bertrand, Sceptical Essays, London 1935.

Sommer, Andreas Urs, Die Kunst, selber zu denken. Ein philosophischer Dictionnaire, Frankfurt am Main ²2003.

Strawson, Peter F., Skeptizismus und Naturalismus. Aus dem Englischen übersetzt von M. N. Istase und Renate Soskey, Berlin/Wien 2001.

Stroud, Barry, The Significance of Philosophical Scepticism, Oxford 1984.

Stroud, Barry, Understanding Human Knowledge. Philosophical Essays, Oxford 2000.

Unger, Peter, Ignorance. A Case for Scepticism, Oxford 1985.

Vogt, Katja Maria, Skepsis und Lebenspraxis. Das pyrrhonische Leben ohne Meinungen, Freiburg im Breisgau/München 1998.

Voelke, André-Jean (Hrsg.), Le scepticisme antique. Perspectives historiques et systématiques. Actes du Colloque international sur le scepticisme antique. Université de Lausanne, 1–3 juin 1988 = Cahiers de la Revue de théologie et de philosophie, vol. 15, Genève u. a. 1990.

Weischedel, Wilhelm, Skeptische Ethik, Frankfurt am Main 1980.

Wild, Christoph, Philosophische Skepsis, Königstein/Taunus 1980.

Williams, Michael (Hrsg.), Scepticism, Aldershot 1993.

Williams, Michael, Unnatural Doubts. Epistemology, Realism and the Basis of Scepticism, Oxford 1991.

Wittgenstein, Ludwig, Über Gewissheit, hrsg. von G. E. M. Anscombe und G. H. von Wright, Frankfurt am Main 9 1997.

Personenregister

Aus dem Verlagsprogramm

Philosophie in der Beck'schen Reihe

Otfried Höffe
Kleine Geschichte der Philosophie
2005. 384 Seiten mit 20 Abbildungen. Paperback
Beck'sche Reihe Band 1597

Harald Weinrich
Lethe
Kunst und Kritik des Vergessens
2005. 316 Seiten. Paperback
Beck'sche Reihe Band 1633

Clemens Sedmak
Kleine Verteidigung der Philosophie
2003. 227 Seiten. Paperback
Beck'sche Reihe Band 1546

Friedhelm Moser
Kleine Philosophie für Nichtphilosophen
3. Auflage. 2002. 219 Seiten. Paperback
Beck'sche Reihe Band 1439

Udo Marquardt
Spaziergänge mit Sokrates
Große Denker und die kleinen Dinge des Lebens
2. Auflage. 2001. 191 Seiten. Paperback
Beck'sche Reihe Band 1363

Friedo Ricken
Antike Skeptiker
1994. 174 Seiten. Paperback
Beck'sche Reihe Band 526
Reihe «Denker»
Herausgegeben von Otfried Höffe

Verlag C. H. Beck München

Literatur bei C. H. Beck

Diane Broeckhoven
Ein Tag mit Herrn Jules
Aus dem Niederländischen von Isabel Hessel
6. Auflage. 2005. 92 Seiten. Gebunden

Joseph Coulson
Abnehmender Mond
Roman
Aus dem Englischen von Ingo Herzke
2005. 416 Seiten. Gebunden

Hans Pleschinski
Leichtes Licht
Roman
2005. 159 Seiten. Gebunden

Brina Svit
Moreno
Eine richtige Liebesgeschichte
Aus dem Französischen von Judith Klein
2005. 140 Seiten. Gebunden

Claudia Klischat
Morgen. Später Abend
Roman
2005. 287 Seiten. Gebunden

Pawel Huelle
Castorp
Roman
Aus dem Polnischen von Renate Schmidgall
2. Auflage. 2005. 252 Seiten. Gebunden

Verlag C. H. Beck München

Sprache und Literatur in der Beck'schen Reihe

Hans-Dieter Gelfert
Was ist gute Literatur?
Wie man gute Bücher von schlechten unterscheidet
2004. 220 Seiten. Paperback
Beck'sche Reihe Band 1591

Klaus Mackowiak
Die 101 häufigsten Fehler im Deutschen
und wie man sie vermeidet
2., überarbeitete Auflage. 2005. 194 Seiten. Paperback
Beck'sche Reihe Band 1667

Göran Hägg
Die Kunst, überzeugend zu reden
44 kleine Lektionen in praktischer Rhetorik
Aus dem Schwedischen von Susanne Dahmann
2., durchgesehene Auflage. 2003. 248 Seiten. Paperback
Beck'sche Reihe Band 1525

Robert Weninger
Streitbare Literaten
Kontroversen und Eklats in der deutschen Literatur von Adorno bis Walser
2004. 296 Seiten. Paperback
Beck'sche Reihe Band 1613

Hans Peter Althaus
Zocker, Zoff & Zores
Jiddische Wörter im Deutschen
2., durchgesehene Auflage. 2003. 159 Seiten mit 10 Abbildungen. Paperback
Beck'sche Reihe Band 1476

Verlag C. H. Beck München